中央党校国家高端智库
资助出版

中央党校思想库丛书
研读经典系列

《路易·波拿巴的雾月十八日》导读

LUYI BONABA DE WUYUE SHIBARI DAODU

郑寰 潘丹◎著

中共中央党校出版社

图书在版编目（CIP）数据

《路易·波拿巴的雾月十八日》导读/郑寰，潘丹著．--北京：中共中央党校出版社，2018.1（2022.11 重印）
（中央党校思想库丛书．研读经典系列）
ISBN 978-7-5035-6249-5

Ⅰ.①路…　Ⅱ.①郑…　②潘…　Ⅲ.①《路易·波拿巴的雾月十八日》-马克思著作研究　Ⅳ.①A811.22

中国版本图书馆 CIP 数据核字（2018）第 003198 号

《路易·波拿巴的雾月十八日》导读

责任编辑　李瑞琪　任　典
版式设计　苏彩红
责任印制　陈梦楠
责任校对　马　晶
出版发行　中共中央党校出版社
地　　址　北京市海淀区长春桥路 6 号
电　　话　（010）68929580（办公室）　（010）68929899（发行部）
（010）68922815（总编室）　（010）68929342（网络销售）
传　　真　（010）68922814
经　　销　全国新华书店
印　　刷　北京盛通印刷股份有限公司
开　　本　700 毫米×1000 毫米　1/16
字　　数　120 千字
印　　张　11.25
版　　次　2018 年 1 月第 1 版　2022 年 11 月第 4 次印刷
定　　价　32.00 元

网　　址：www.dxcbs.net　**邮　　箱**：zydxcbs2018@163.com
微 信 ID：中共中央党校出版社　**新浪微博**：@党校出版社

中央党校思想库丛书·研读经典系列

总　序

通过不断学习马克思主义理论，特别是学习马克思主义经典原著，逐步认识到马克思主义的科学性、共产主义事业的崇高性、以人民为中心的价值性，做到“不忘初心、牢记使命”，是党员干部加强理论修养和党性修养的必由之路。领导干部要想弄清楚什么是马克思主义，要想真正做到不忘初心，就要聚精会神攻读原著，原汁原味体会原著。恩格斯谈到学习《资本论》时曾说：“对于那些希望真正理解它的人来说，最重要的却正好是原著本身。”“研究原著本身，不会让一些简述读物和别的第二手资料引入歧途。”读原著必须静心、专心，毛泽东同志曾深有体会地说，学习马列主义不能像看小说那样，一目十行，走马观花，而要一句句、一段段地认真思考，用心领会，要经常读、重点读，特别是马克思主义经典著作，要反复读。他自己读《共产党宣言》不下一百遍，感到每阅读一次，都有新的启发、新的收获。

习近平同志非常重视领导干部对马克思主义经典著作的学习与运用。把学习和研读马克思主义经典著作看作是深入理解、掌握马克思主义基本原理的前提条件和重要途径，是习近平同志的一贯主张。他郑重指出，时代在变化，社会在发展，但马克思主义基本原理依然是科学真理。尽管我们所处的时代同马克思所处的时代相比发生了巨大而深刻的变化，但从世界社会主义500年的大视野来看，我们依然处在马克思主义所指明的历史时代。因此，他多次强调，要“精读马克思主义经典的代表性著作，追本溯源，把握马克思主义基本原理”。

认真学习马克思主义理论，是我们做好一切工作的必备条件，也是领导干部必须掌握的工作制胜的看家本领。我们要立足时代特点，推进马克思主义时代化，更好地运用马克思主义的立场、观点、方法观察时代、解读时代、引领时代，真正搞懂面临的时代课题，深刻把握世界历史的脉络和走向，就必须从经典理论出发，立足我国实际，聆听人民心声，回应现实需要，深入总结实践，实现马克思主义基本原理同当代中国具体实际相结合，不断提高全党运用马克思主义分析和解决实际问题的能力，不断提高全党特别是领导干部的理论思维能力和思想政治水平，把科学思想理论转化为认识世界、改造世界的强大物质力量，坚持和发展新时代中国特色社会主义，为发展马克思主义作出中国的原创性贡献。

为了帮助党员干部更好地学习马克思主义经典原著，中央党校科研部资助出版了这套“中央党校思想库丛书·研读经典系列”。参与撰写的主要是中央党校的青年教师。这些教师多年来既坚持不懈地从事马克思主义经典著作研究，也承担着马克思主义经典著作的教学工作，专业理论水平较高，教学科研发展潜力很大。资助出版这套丛书，既有助于发挥中央党校国家高端智库特色和优势，有助于中央党校青年学者的成长、成才，同时也贯彻和体现了中央党校校委倡导的“用学术讲政治”原则。

中央党校科研部

2017 年 12 月

中央党校思想库丛书·研读经典系列

总前言

认真研读经典　掌握看家本领

马克思主义是中国共产党的指导思想，马克思主义经典著作中所阐发的基本原理始终是指导中国革命、建设和改革的强大思想武器，始终是中国共产党人的宝贵精神财富。我们党的几代领导人都高度重视与反复强调学习经典著作。毛泽东同志不仅本人是学习马克思主义经典著作的典范，而且一贯大力倡导与推动党内马克思主义经典著作的学习，亲自选定领导干部的经典必读书目。邓小平同志在南方谈话中强调："学马列要精，要管用的。"江泽民同志在1996年全国宣传部长会议上指出："希望党的高级干部多读读《马克思恩格斯选集》、《列宁选集》、《毛泽东选集》和《邓小平文选》等马克思主义著作，熟悉和掌握马克思主义基本原理，善于运用马克思主义的立场、观点、方法分析实际情况、指导工作。"胡锦涛同志同样很重视领导干部对马克思主义经典著作的学习，多次要求各级领导干部必须认真研读邓小平同志著作、江泽民同志著作，同时要有计划地选读马列著作和毛泽东同志的著作。习近平同志也是一直重视领导干部对马克思主义经典著作的学习与运用。他在中央党校2011年春季学期第二批进修班开学典礼上讲话的主题，就是“领导干部要重视学习马克思主义经典著作”。在讲话中，他指出：马克思主义经典著作蕴含和集中体现着马克思主义基本原理，是马克思主义理论的本源和基础。只有认真学习马克思主义经典著作，系统掌握马克思主义基本原理，才能完整准确地理解中国特色社会主义理论体系，才能创造性地运用马克思主义立场观点方法去分析和解决我们面临的实际问题，不断把中国特色社会主义事业推向前进。马克思主义经典著作包含着经典作家所汲取的人类探索真理的丰富思想成果，体现着经典作家攀登科学理论高峰的不懈追求和艰辛历程。阅读经典著作，本身就是增长知识、开阔眼界、增加思想深度和训练思维方式的过程，就是培养高瞻远瞩的战略洞察力和脚踏实地的工作作风的过程，这必然会使我们在潜移默化中受到他们崇高风范和人格力量的熏陶，从而实现自己思想境界和道德情操的升华。在中央党校建校80周年庆祝大会暨2013年春季学期开学典礼的重要讲话中，习近平总书记进一步强调：认真学习马克思主义理论，这是我们做好一切工作的看家本领，也是领导干部必须普遍掌握的工作制胜的看家本领。

中央党校是我们党学习、研究、宣传马克思主义的重要阵地，具有马克思主义经典著作学习研究的光荣传统和深厚积淀。为了帮助党员干部和其他各领域的学习者、研究者更好理解、掌握马克思主义经典著作中蕴含的基本观点、基本原理与基本方法，由我牵头，组织中央党校的部分教师撰写、出版了这套“研读经典系列”。这些教师全部具有博士学位，大多是教授和副教授，在校读书期间一直从事马克思主义经典著作的研究，在中央党校工作期间大都也一直从事马克思主义经典著作的教学，具有较高的专业素养和理论水平。这套“研读经典系列”共有16本，具体包括：李海青所著《〈共产党宣言〉导读》、王虎学所著《〈1844年经济学哲学手稿〉导读》、赵培所著《列宁晚年著作导读》、焦佩锋所著《〈《政治经济学批判》序言〉导读》、崔丽华所著《〈实践论〉〈矛盾论〉导读》、王巍所著《〈德意志意识形态〉导读》、唐爱军所著《〈黑格尔法哲学批判〉导读》、韩晓青所著《〈新民主主义论〉导读》、邓莉所著《恩格斯晚年关于历史唯物主义的书信导读》、孙海洋所著《〈路德维希·费尔巴哈和德国古典哲学的终结〉导读》、袁辉所著《〈资本论〉导读》、徐浩然所著《关于中国革命的四篇经典文献导读》、李双套所著《〈哥达纲领批判〉导读》、郑寰和潘丹所著《〈路易·波拿巴的雾月十八日〉导读》、王乐所著《〈反杜林论〉导读》、王巍所著《〈社会主义从空想到科学的发展〉导读》。这套“研读经典系列”的出版也得到了中央党校科研部的大力支持，被列入了“中央党校思想库丛书”，在此谨致谢意。

马克思主义经典著作博大精深，由于各位作者研究水平所限，这套“研读经典系列”肯定存在这样那样的问题与不足，敬请各位读者批评指正！

李海青

2017年12月

目　录

CONTENTS

引 言

《路易·波拿巴的雾月十八日》（以下简称《雾月十八日》）是马克思于1852年创作的关于法国1851年12月2日政变的著作。这部著作呈现出某种“历史周期率”：1799年11月9日（即法兰西共和八年雾月十八日），共和国将军拿破仑发动政变，终结了法兰西第一共和国，随后建立了法兰西第一帝国。而在半个世纪之后，1851年12月2日，拿破仑一世的侄子路易·波拿巴再次发动政变，终结了法兰西第二共和国短暂的生命，建立了法兰西第二帝国。马克思用“雾月十八日”来命名此书，恰恰是为了呈现一种“历史的反复”。他援引黑格尔的话戏谑道：“一切伟大的世界历史事变和人物，可以说都出现两次，他忘记补充一点：第一次是作为悲剧出现，第二次是作为笑剧出现。”法国在走向共和的漫长旅途中，总是陷入帝制的困境。

1848年，一股革命浪潮席卷欧洲，整个欧洲为之震撼。这一系列革命在规模和影响范围上都是史无前例的，从根本上改变了欧洲的政治和社会秩序。不久，法国巴黎就爆发了二月革命。革命最初的目标是选举改革，但是，当局势失控之后，奥尔良王室逃出了法国，出现了权力的真空。在七月王朝倒台后，王朝反对派、共和派、民主共和派、社会民主派都取得了临时地位，在各种政治力量的较量中，共和国成为了一种“自然而然”的选择。然而，关于共和国的目的、内在精神，以及如何在其中安置各个阶层，人们却并未达成共识。相互冲突的社会期待、错综复杂的阶级对抗则由于动荡变迁、派别纷争的政治局势变得模糊了。

同时，这场革命与过去革命的重大不同，就是无产阶级作为一支独立的力量首次登上了历史舞台。在政治斗争中，巴黎无产阶级积极投入街垒斗争，并在共和国上面盖上了自己的印记，宣布了“社会共和国”的政治方案。作为革命家，马克思和恩格斯在 1848 年革命中积极投身共产主义者同盟的活动，并返回巴黎策动德国流亡者的起义。他十分赞同巴黎无产阶级提出“社会共和国”方案，为巴黎工人的英勇举动鼓与呼。他认为，巴黎无产阶级的“社会共和国”的设想表露出了现代革命的总的内容。但是，马克思也清楚地认识到，“这个内容在当时的情况与条件下、在群众已达到的教育水平上用现成材料所能立刻实现的一切都是极为矛盾的。”在争夺统治权的战斗中，巴黎无产阶级被血腥镇压了。在 1848 年巴黎六月起义这一无产阶级和资产阶级间的第一次大搏斗之后，“社会共和国”的理想也化为泡影。

在六月起义之后，法兰西第二共和国宣告诞生。资产阶级内部的各种力量在妥协下，暂时在议会制共和国的国家形式中取得了微妙的平衡。而在焦灼的情势下，一个饱受法国精英们鄙夷的政治人物，却一路高歌猛进，成为令人瞩目的政治“黑马”，这就是长期流亡海外的路易·波拿巴。他凭借伯父的历史声誉，在未组织的小农、流氓无产阶级的支持下，屡屡赢得选举，竟然在1848年12月10日高票当选为共和国总统。在随后的三年多时间里，波拿巴利用了资产阶级各派别之间的罅隙，逐步培植党羽亲信、篡夺行政权，掌握军队，使议会沦为橡皮图章。最终在1851年12月2日，波拿巴效仿伯父，通过政变把第二共和国送进了坟墓，经由民主形式建立起威权体制。

在《雾月十八日》这部著作中，马克思就是要尝试解答这样一个问题：“法兰西阶级斗争究竟创造了怎样一种奇怪的局势，使得一个平庸而怪诞的丑角扮演了英雄的角色?”这部时评著作首次检验了历史唯物主义的理论和方法，说明了法兰西第二共和国悲剧而短暂的兴亡史。通过深邃地洞察法国时局变化，马克思揭开了议会制共和国的神秘面纱，充分展现了普选制和议会民主制的内在局限性。他告诫无产阶级，欧洲的问题不是争论“共和国还是君主国”的问题，资产阶级的议会制共和国无非是一个阶级对其他阶级实行无限制的专制统治。只有夺取国家机器，进行彻底的所有制改造，才能建立一个真正的社会共和国，逃脱阶级的专制。“在法国和在欧洲，共和国只有作为‘社会共和国’才有可能存在；这种共和国应该夺去资本家和地主阶级手中的国家机器，而代之以公社；公社应该公开宣布‘社会解放’为共和国的伟大目标，从而以公社的组织来保证这种社会改造。”马克思对资产者共和国的深刻批判，不仅提出了一种新的政治观点，更是为社会主义运动提出了一种新的可能，呈现出一种新的政治想象。

这是一本充满魅力的著作，它不断给后世的理论家和实践家们提供着灵感。法国人类学家列维·斯特劳斯每隔一段时间就要读马克思的小册子《雾月十八日》，一次又一次体会马克思那种一层又一层地解剖事件的洞见。日本马克思主义学者柄谷行人曾经尝试运用马克思《雾月十八日》的历史分析方法研究世界近代史，透过文学文本的解读来观察日本明治维新以来的近代化历程。他认为，马克思的《雾月十八日》并非是对于法国当下历史事件的新闻记事性的著述，而是关于国家即政治过程的原理性阐释。如果说《资本论》是对于近代经济学的批判，那么《雾月十八日》则可以说是对近代政治学的批判。之所以能够达成这种原理性的“批判”，在于马克思对历史现象采取了“结构性”分析的方法，由此看到了历史的反复。马克思以其独特的历史主义视角，透过历史材料洞察当今社会政治所形成的方法论，足以打开我们观察瞬息万变之世界趋势的视野和眼光。

这是一部剖析资本主义民主政治内在困境的著作。在2008年国际金融危机之后，曾被奉为楷模的发达民主政体也深陷泥淖。不断有学者提出“西方民主哪病了”的疑问。甚至曾预言“历史终结”的福山也开始反思美国政治的衰败，认为美国民主不再真实地反映大众的利益诉求，以普选制为特征的民主制出现了代表性危机。据统计，发达国家的选民数量也在下降，一项针对 49 个民主国家的研究显示，选民数量自 1980—1984 年至 2007—2013 年间下降了 10 个百分点。2012 年针对 7 个欧洲国家的调查显示，逾半数选民“根本不信任政府”。近年来，新社会运动的风起云涌，各种民粹主义力量的崛起都不断显示“代议制民主”和“选举民主”已经出了问题。传统政党所承担的利益凝聚、选举动员、精英招募等功能都被大大削弱了，以至于有西方学者都喊出了“政党死了”的口号。而回顾马克思在百余年前对议会制共和国危机冷静而精确的剖析，对我们理解当代“西方民主政治”可以提供诸多启迪。

这是一部帮助我们理解现代国家命运的著作。马克思在这部著作中敏锐地观察到了资本主义现代国家的变化。他注意到，一种“波拿巴主义”型的现代国家正在产生，它超然于各个党派，凌驾于社会肌体之上，表现经由一种民主的形式建立其威权体制。换而言之，民主的选举并不能保证人民的统治，在民主与专制之间，甚至可能存在某种隐秘的联系。近 30 年来，世界上出现了许多新兴民主国家。然而，不少国家不但没能完成民主巩固，反而纷纷滑向专制独裁。许多转型国家人民纷纷发现，“人民当家做主”的政治承诺成为镜花水月，尽管获得了选举的自由，却只是有“民主”之名，而无“民主”之实。据皮尤调查中心的数据显示，在 1991 年，乌克兰支持多党制民主的民众占到 72%，而 2009 年，支持多党制民主的民众只占到 30%，竟然下降了 42%。而匈牙利、保加利亚、立陶宛等国的这一数据也超过了15%。这种对民主信心的大幅度下滑显示，大多数民众的期待并未得到满足。更糟糕的是，有不少民主转型后的国家走向了持续的政治动荡，人民虽然获得了选举的形式快感，却迎来了更长久的奴役。而马克思对"波拿巴主义"现代国家的敏锐洞察，让我们更好地理解了现代政治的实质。

可见，重新阅读《雾月十八日》这部经典著作，认真学习和研究历史唯物主义的理论和方法，对我们理解当今的时代有特别重要的意义。我们的导读围绕马克思所论述的中心问题展开，即回答"法国阶级斗争怎样造成了一种局势和条件，使得一个平庸而可笑的人物有可能扮演了英雄的角色?"第一章介绍了马克思提出的历史唯物论分析方法和《雾月十八日》成书的背景。第二章是对1789年法国大革命到1848年法兰西第二共和国历史的简要介绍，帮助读者理解马克思所描写的法国历史，呈现出"历史的复调"。第三章主要围绕法国阶级斗争和党派政治角逐，分析马克思所描写的波拿巴上台的权力斗争过程。第四章结合马克思的国家理论对波拿巴主义国家的形成进行分析，讨论资本主义国家演进发展的趋势。第五章主要讨论这部著作对当代政治和社会理论的启示。

通过这本导读，我们希望为不熟悉法国革命史和马克思政治理论的读者提供一些简明线索。当然，如果这本导读还能引起您阅读和研究马克思的兴趣，我们将不胜荣幸。

第一章

理解法兰西第二共和国历史的钥匙

作为1848年革命的亲历者，马克思在波拿巴政变后认真总结了革命经验，撰写了《雾月十八日》。在此书中，马克思首次尝试用历史唯物主义的观点和方法说明了法兰西第二共和国的兴亡史，为分析理解现代历史和政治提供了新的理论和方法。历经时间洗练，这部著作到今天已经成为社会学、政治学、历史学公认的经典之作。

一、用唯物主义观点理解“活的历史”

马克思主义传入中国是现代中国学术界的大事件。尤其是，马克思唯物史观提供了一种新的历史哲学，对理解历史和改造现实产生了颠覆性的影响。李大钊先生较早介绍了马克思的历史观。他在《史学要论》中认为，“马克思述他的历史观，常把历史和社会关联在一起；纵着看人间的变迁，便是历史；横着看人间的现在，便是社会。把历史视为社会的变动。马克思以经济为中心纵着考察社会变革，通过经济关系能如自然科学发现因果律，这样子就把历史学提到科学的地位。一方面把历史与社会打成一气，看作一个整个的；一方面把人类的生活及其产物的文化，亦看作一个整个的；不容以遗其全体或散其全体。与吾人一个整个的活泼泼的历史的观念。”①

李大钊认为，马克思的唯物史观为我们重新理解历史和事实提供了一种全新的方法论，在求实和求是之间展现出一种内在的平衡，为推动变革提供了解放性的历史学说。“历史这样东西，是人类生活的行程，是人类生活的联续，是人类生活的变迁，是人类生活的传演，是有生命的东西，是活的东西，是进步的东西，是发展的东西，是周流变动的东西；他不是陈编、不是些故纸，不是僵石，不是枯骨，不是死的东西，不是印成呆板的东西。我们所研究的，应该是活的历史，不是死的历史；活的历史，只能在人的生活里取得，不能在故纸堆里去寻。”一个时代有一个时代比较进步的历史观，一个时代有一个时代比较进步的知识；历史观与知识的不断进步，促使人们对于历史事实的解喻自然要不断变动。要改变旧史学的面貌，需要借助马克思的唯物史观。在李大钊看来，马克思的唯物史观对旧史学带来了颠覆性的影响，“进化论的历史观，修正了退落说的历史观；社会的历史观，修正了英雄的历史观；经济的历史观，修正了政治的历史观；科学的历史观，修正了神学的历史观。”②

在《雾月十八日》中，马克思尝试用唯物主义的历史观来解释波拿巴政变，对1848年到1851年法兰西第二共和国的短命历史进行了研究，既充分体现了驾驭庞杂材料的高超本领，

① 李守常：《史学要论》，河北教育出版社2000年版，第5—7页。
② 李守常：《史学要论》，河北教育出版社2000年版，第10页。

也为后世留下了宝贵的第一手历史材料。更重要的是，他通过研究验证了历史唯物主义的理论，对共产主义运动的实践产生了深远的影响。

1. 对历史唯物主义理论的严格检验

严格来说，《雾月十八日》是一部时评作品，并非专门的历史学专著。在此书出版前，马克思密切地跟踪关注法国时局的发展，在《新莱茵报·政治经济学评论》上发表了多篇报道法国二月革命、六月起义的时评。1895 年，恩格斯曾把马克思有关 1848 年革命的四篇文章编成单行本，出版了《1848 年至 1850 年的法兰西阶级斗争》（以下简称《阶级斗争》）一书。因此，《阶级斗争》一书可以被视为《雾月十八日》的姊妹篇。相比之下，《阶级斗争》中的四篇文章偏重于微观事件，而《雾月十八日》成书于 1852 年，侧重于理论思考和综合评论，是对之前观察的再度检验。

恩格斯在《阶级斗争》的导言里写到："马克思用他的唯物主义观点从一定经济状况出发来说明一段现代历史的初次尝试。在《共产主义宣言》中，用这个理论大略地说明了全部近代史；在马克思和我在《新莱茵报》上发表的文章中，这个理论一直被用来解释当时发生的政治事件。可是，这里的问题是要把一个对全欧洲都很关键而又很典型的多年发展过程中的内在因果联系揭示出来，照作者看来，就是把政治事件归结为最终是经济原因的作用。"恩格斯认为，马克思对 1848 年革命的研究达到了前所未有的高度。"由于马克思准确了解法国在二月革命以前的经济状况以及这个国家在二月革命以后的政治事件，所以他能对当时的事变作出这样的叙述，这一叙述对事变内在联系的揭示达到了至今还无人达到的程度，并且光辉地经受住了后来由马克思自己进行的两度检验。”而《雾月十八日》一书，就是恩格斯所说的第二次检验，也是更为严格的检验：“在路易·波拿巴 1851 年 12 月 2 日政变之后，马克思立刻重新探讨了从 1848 年 2 月起直到这次暂时结束了革命时期的事变为止的法国历史。在这本小册子里，又一次谈到了本书中所描述的时期，不过较为简略一些。如果把这个参照一年多以后发生的决定性事变作出的第二次记述与本书比较一下，就可看到作者只须作很少的改动。”① 经过检验，马克思进一步发展了历史唯物主义的理论。②

2. 同时代同主题的两部著作

1848 年，一股革命浪潮席卷欧洲，整个欧洲为之震撼。这一系列革命在规模和影响范围上都是史无前例的，从根本上改变了欧洲的政治和社会秩序。作为 1848 年革命的亲历者，马克思曾受邀返回巴黎，既为二月革命呼喊，又为六月起义被血腥镇压扼腕叹息，后被法国当局驱逐出境，始终保持着对法国政局的关注。1851 年 12 月 2 日，路易·波拿巴发动了政变，扼杀了议会制共和国。面对这一重大历史事件，不少亲历者都撰写了著作，对波拿巴的这一反革命举动口诛笔伐。《雾月十

---

① 马克思著，中央编译局译：《1848 年至 1850 年的法兰西阶级斗争》，人民出版社 2014 年版，第 3、4、5 页。

② 在恩格斯看来：“第一次检验是这样来的：从 1850 年春天起，马克思又有空从事经济研究，并且首先研究最近 10 年的经济史。结果，他从事实中完全弄清楚了他以前半先验地根据不完备的材料所推出的结论，即：1847 年的世界贸易危机孕育了二月革命和三月革命；从 1848 年年中开始逐渐复兴而在 1849 年和 1850 年达到全盛状态的工业繁荣，是重新强大起来的欧洲反动势力的振奋力量。这是有决定意义的。”

八日》的主题就是这场惊心动魄的政变。马克思写道“在与我这部著作差不多同时出现的、论述同一问题的著作中，值得注意的只有两部：维克多·雨果的《小拿破仑》和蒲鲁东的《政变》。”① 然而，马克思对这些著作不甚满意。这两本著作代表了两种历史研究的倾向：一种是过度强调个人主动性的主观历史学；另一种是所谓的客观历史编纂学，充满了非唯物主义的观点。

维克多·雨果是法国浪漫主义文豪，他经历了19世纪法国的重大历史事变，撰写了《巴黎圣母院》《悲惨世界》《九三年》等世界文学名著。在政治观点上，他倾向左翼共和主义，波拿巴政变后，曾参加共和党人组织的反对政变的起义，遭到镇压，被迫流亡到泽西岛。期间，他发表了反对波拿巴的著名政治小册子《小拿破仑》，对波拿巴进行了辛辣的讽刺和羞辱。雨果想借这本著作唤醒世人，他写道：“自从1851年12月2日以来，一次成功的陷阱、一桩罪行得手了。犯下这一罪行的罪犯是最无耻、最低级的恶棍。”在雨果笔下，路易·波拿巴不过是一个了解阴谋诡计的蟊贼，甚至不如东方西方的窃国大盗。他“将永远是只在深夜扼杀自由的恶棍；他将永远只是那个灌醉士兵的坏蛋；他将永远只是一个奴役伟大法国人民的侏儒式暴君。这小人的特征同伟大气魄无法相容，即使在干卑鄙无耻勾当时也是如此。作为独裁者，他不过是扮着丑角儿；他若以皇帝自称，则更加滑稽可笑。那会使他达到登峰造极境界

① 国内有学者认为，雨果的《小拿破仑》更准确的中文译法是“拿破仑小人”（Napoléon le Petit），以此和“拿破仑大帝”（Napoléon le Grand）相区别，本书认为小拿破仑的译法有双重含义，既包括道德品行，又包括年龄，仍用原译。

的。让整个人类耸肩耻笑，这便是他的天命。”在这部著作中，雨果把政变原因过多地归结到波拿巴个人的原因。他诘问道：“什么？是波拿巴造成的这场毁灭！什么？竟发生在举世最伟大的民族的中心！什么？居然在有史以来最伟大的世纪当间，这个家伙冒出头来、并且旗开得胜！把法兰西变成自己的猎获物。……竟是他啊，这徒具人形的假面，这侏儒，这不足月的暴君尼禄，这分文不值的贱货！”① 这部小册子以瑰丽的文学语言对波拿巴政变进行了咒骂，在法国秘密流传，产生了非常大的影响。法国作家莫洛亚写道：“在全世界印行了一百万份的事实证明，精神力量战胜了武力政变。”然而，马克思却认为，这部著作有很大的局限性：“维克多·雨果只是对政变的负责发动人作了一些尖刻的和机智的痛骂。事变本身在他笔下被描绘成了晴天的霹雳。他认为这个事变只是一个人的暴力行为。他没有觉察到，当他说这个人表现了世界历史上空前强大的个人主动性时，他就不是把这个人写成小人而是写成巨人了。”②显而易见，在马克思看来这种文学式的咒骂不足以真正理解二月革命以来历史事变的真正原因。

另一部重要的著作是法国无政府主义思想家蒲鲁东撰写的《从十二月二日政变看社会革命》。蒲鲁东曾写过《什么是所有权?》《贫困的哲学》等著作，在法国工人阶级中有着重要的影响，但遭到马克思的反驳和批判。马克思曾在 1846 年写信给蒲鲁东，邀请他参与德国的社会主义和法国、英国的社会主义

---

① 《雨果文集》第 19 卷，河北教育出版社 1998 年版，第 230、232、238 页。

② 马克思著，中央编译局译：《路易·波拿巴的雾月十八日》，人民出版社 2001 年版，第 4 页。

建立联系的活动，保证了解各国的社会主义运动。但是，蒲鲁东在 1846 年 6 月 17 日在给马克思的回信中拒绝参加这一活动，并且表示反对革命斗争和共产主义的方法。此后，马克思、恩格斯与蒲鲁东的分歧更加深了。马克思针锋相对地撰写《哲学的贫困》，多次公开批评蒲鲁东的学说。1846 年 12 月，他在给安年科夫的信中用历史唯物主义的观点批评了蒲鲁东，他说："蒲鲁东先生在历史中看到了一系列的社会发展。他发现了实现于历史中的进步。最后，他发现，人们作为个人来说并不知道他们在做什么事情，他们误解了自身的运动，就是说，他们的社会发展初看起来似乎是和他们的个人发展不同、分离和毫不相干的。他无法解释这些事实，于是做就作出假设，说是一种普遍理性的自我表现。发明一些神秘的原因即不合常理的空话，那是最容易不过的了。""蒲鲁东先生无法探索出历史的实在进程，他就给我们提供了一套怪论，一套妄图充当辩证怪论的怪论。他觉得没有必要谈到十七、十八和十九世纪，因为他的历史是在想象的云雾中发生并高高超越于时间和空间的。一句话，这是黑格尔式的废物，这不是历史，不是世俗的历史——人类的历史，而是神圣的历史——观念的历史。在他看来，人不过是观念或永恒理性为了自身的发展而使用的工具。"[①] 对蒲鲁东撰写的这部关于"政变"的著作，马克思则指出："应当认为不仅是一部坏的著作，而且简直是卑鄙，然而是适合小资产阶级观点的卑鄙，他在这里向路易·波拿巴献

① 《马克思恩格斯全集》第 27 卷，人民出版社 1972 年版，第 477、479 页。

媚，实际上是竭力把他弄成适合法国工人口味的人物。”[①] 他评论到，“蒲鲁东呢，他想把政变描述成以往历史发展的结果。但是，在他那里关于政变的历史构想不知不觉地变成了对政变主人公所作的历史的辩护。这样，他就陷入了我们的那些所谓客观历史编纂学家所犯的错误。”[②]

这两部关于波拿巴政变的著作都成为畅销书，为作者带来了丰厚的回报。相比之下，马克思的书在这两个幸运的姊妹面前好像是灰姑娘一样。但是，当那两部书久已化为灰尘的时候，他的著作在今日却还放射着不朽的光辉。在马克思和恩格斯看来，这两部著作都未能提供一种科学严谨的历史解释。在如何看待路易·波拿巴的历史作用等关键问题上，这些著作只会将无产阶级引向错误的方向。正如恩格斯所观察，由于缺乏科学的理论，“在判断当前发生的各个事件和一系列事件时，人们总是不能追溯到最终的经济原因。”“不言而喻，这总对经济状况（这是所要研究的一切过程的真正基础）中同时发生的种种变化的不可避免的忽略，必然是产生错误的根源。”[③] 雨果和蒲鲁东的著作都有一个很大的缺陷，就是忽略了革命时期发生的经济变化，过于夸大个人在历史中的作用，从而不能看到革命失败的真正原因。

3. 历史唯物主义观点的基本特点

《雾月十八日》被恩格斯誉为天才的著作。他指出了这部

---

① 《马克思恩格斯全集》第16卷，人民出版社1964年版，第35页。

② 马克思著，中央编译局译：《路易·波拿巴的雾月十八日》，人民出版社2001年版，第4页。

③ 马克思著，中央编译局译：《1848年至1850年的法兰西阶级斗争》，人民出版社2014年版，第3、4页。

著作在马克思历史唯物主义中的重要地位："正是马克思最先发现了重大的历史运动规律。根据这个规律，一切历史上的斗争，无论是在政治、宗教、哲学的领域中进行的，还是在其他意识形态领域中进行的，实际上只是或多或少明显地表现了各社会阶级的斗争，而这些阶级的存在以及它们之间的冲突，又为它们的经济状况的发展程度、它们的生产的性质和方式以及由生产所决定的交换的性质和方式所制约。这个规律对于历史，同能量转化定律对于自然科学具有同样的意义，这个规律在这里也是马克思用以理解法兰西第二共和国历史的钥匙。在这部著作中，他用这段历史检验了他的这个规律。"① 由此可见，理解这一重大历史运动的规律恰恰是解开这部著作的一个关键。这种历史观有以下主要特点：

第一，重视从经济发展的角度理解人类历史的发展。历史唯物主义主张从生产力发展的状况来理解社会和国家，而非个人超凡的作用或者是抽象的普遍理性。马克思写道："社会——不管其形式如何——究竟是什么呢？是人们交互作用的产物。人们能否自由选择某一社会形式呢？决不能。在人们的生产力发展的一定状况下，就会有一定的交换〔commerce〕和消费形式。在生产、交换和消费发展的一定阶段上，就会有一定的社会制度、一定的家庭、等级或阶级组织，一句话，就会有一定的市民社会。有一定的市民社会，就会有不过是市民社会的正式表现的一定的政治国家。"② 因此，马克思在研究

① 马克思著，中央编译局译：《路易·波拿巴的雾月十八日》，人民出版社 2001 年版，第 7 页。

② 《马克思恩格斯全集》第 27 卷，人民出版社 1972 年版，第 477 页。

1848 年革命时，把政治冲突归结为由经济发展所造成的现有各社会阶级以及各阶级集团的利益的斗争，而把各个政党看作是这些阶级以及阶级集团的大体相应的政治表现。

第二，主张从历史联系和物质关系的角度来分析历史事件。人是生活在时空坐标系中的生命，而非抽空于时空的范畴。马克思认为："人们不能自由选择自己的生产力——这是他们的全部历史的基础，因为任何生产力都是一种既得的力量，以往的活动的产物。所以生产力是人们的实践能力的结果，但是这种能力本身决定于人们所处的条件，决定于先前已经获得的生产力，决定于在他们以前已经存在、不是由他们创立而是由前一代人创立的社会形式。单是由于后来的每一代人所得到的生产力都是前一代人已经取得而被他们当做原料来为新生产服务这一事实，就形成人们的历史中的联系，就形成人类的历史，这个历史随着人们的生产力以及人们的社会关系的愈益发展而愈益成为人类的历史。由此就必然得出一个结论：人们的社会历史始终只是他们的个体发展的历史，而不管他们是否意识到这一点。他们的物质关系形成他们的一切关系的基础。这些物质关系不过是他们的物质的和个体的活动所借以实现的必然形式罢了。"①

第三，主张从客观形势、关系和条件的角度分析历史变革。马克思把自己的作品和雨果、蒲鲁东进行了对比之后写道："相反，我则是证明，法国阶级斗争怎样造成了一种局势和条件，使得一个平庸而可笑的人物有可能扮演了英雄的角

① 《马克思恩格斯全集》第 27 卷，人民出版社 1972 年版，第 477—478 页。

色。”马克思认为，生产力决定生产关系，人们借以进行生产、消费和交换的经济形式是暂时的和历史性的形式。随着新的生产力的获得，人们便改变自己的生产方式，而随着生产方式的改变，他们便改变所有不过是这一特定生产方式的必然关系的经济关系。在当时的情况下，“实际上社会还只是在为自己创造革命所必需的出发点，创造惟一能使现代革命成为真正的革命的形势、关系和条件。”① 马克思在搜集和整理了经济史的资料后，修正了革命立即会到来的结论，而提出了“新的革命，只有在新的危机之后才可能发生。但新的革命正如新的危机一样肯定会来临。”② 他认为，在当时的情况和条件下、在群众已经达到的教育水平上，用现成材料所能立刻直接实现的一切都是极为矛盾的。换而言之，革命的条件仍然还不够成熟。

《雾月十八日》是一部理解马克思历史唯物主义的关键著作，对分析政治事件具有典范意义。这部作品是一篇简练的讽刺作品，叙述了二月革命以来法国历史的全部进程的内在联系，揭示了1851年12月2日的奇迹就是这种联系的自然和必然的结果。恩格斯对《雾月十八日》评价非常高，他认为“这幅图画描绘得如此高明，以致后来每一次新的揭露，都只是提供新的证据，证明这幅图画是多么忠实地反映了实际。他对活生生的时事有这种卓越的理解，他在事变刚刚发生时就对事变

① 马克思著，中央编译局译：《路易·波拿巴的雾月十八日》，人民出版社2001年版，第4、12页。

② 马克思著，中央编译局译：《1848年至1850年的法兰西阶级斗争》，人民出版社2014年版，第5页。

有这种透彻的洞察，的确是无以伦比。”[①] 通过细致的解剖，马克思提供了一种全新的理解政治和历史的理论和方法。

二、马克思是怎样写出《路易·波拿巴的雾月十八日》的

《雾月十八日》是马克思在路易·波拿巴政变后不久动笔撰写的。在路易·波拿巴发动政变的第二天，恩格斯在给马克思的信中就称，这次政变“演出了雾月十八日的可笑的模仿剧”。雾月十八日，指的是 1799 年 11 月 9 日，拿破仑发动政变的日子。1851 年 12 月 2 日，拿破仑的侄子路易·波拿巴发动政变，建立了法兰西第二帝国。马克思将该书题名为《路易·波拿巴的雾月十八日》，就是表明这次政变不过是侄子路易·波拿巴向其伯父的拙劣模仿，充满了讽刺的意味。[②]

马克思、恩格斯对法国二月革命后的事件一直保持着密切的关注。从 1848 年起，马克思就在《新莱茵报·政治经济评论》杂志撰写了一系列报道法国情况的文章：《1848 年的六月失败》《1849 年 6 月 13 日》《6 月 13 日在大陆上产生的后果》等。因此，《雾月十八日》的很多观点已经在观察事变发展中逐渐形成。政变发生后，马克思收到海涅的秘书莱茵哈特从巴黎寄来的许多关于 1851 年 12 月 2 日政变前后法国的政治局势的详细报告，提供了许多关于事件的材料。恩格斯在通信中提

① 马克思著，中央编译局译：《路易·波拿巴的雾月十八日》，人民出版社 2001 年版，第 6 页。

② 中文译者最初将此书翻译为《拿破仑第三政变记》或《路易·波拿巴政变记》，旨在避免混淆两场政变。

出了建议，他询问马克思对这个肮脏事件的出路有何看法，并转告马克思老朋友约瑟夫·魏德迈已经能够出版德文周刊《革命》杂志，“那里正渴望看到对法国事件的评论和阐述，如果能够对局势作一个出色的阐述，那就能保证该刊从创刊号开始就获得成功。但困难也就在这里，而我又不得不象往常一样把重担压在你身上。”①

约瑟夫·魏德迈是马克思和恩格斯的革命战友，也是马克思主义在美国最早的传播者。他在 1847 年加入共产主义同盟，在 1850 年共产主义者同盟发生分裂之时，魏德迈坚定地站在了马克思与恩格斯一边，之后由于政府驱逐，举家迁居美国纽约。在魏德迈抵达纽约之后，马克思就写信给他，劝他在纽约自立为出版商，然后选择《新莱茵报》的文章编成一种袖珍小丛书出版。当接到魏德迈来信说能够在 1 月初出版一种《革命》杂志。马克思立即回复到：“星期二（12 月 23 日）将从这里给你寄去：（1）卡·马克思的《路易·波拿巴的雾月十八日》；（2）斐·沃尔弗的《法国政变》；（3）威廉·沃尔弗的《复仇女神》。”② 因此，《雾月十八日》一开始就是准备以时政评论出现的。

马克思最初计划写三篇，但在撰写过程中不断扩充，最后共写了七篇，于 1852 年 3 月 25 日前完稿。1852 年 5 月，魏德迈以单行本作为不定期刊物《革命》的第一期出版，他在扉页和前言中误将标题写成了《路易·拿破仑的雾月十八日》。魏

① 《马克思恩格斯全集》第 27 卷，人民出版社 1972 年版，第 413 页。
② 《马克思恩格斯全集》第 27 卷，人民出版社 1972 年版，第 617 页。

德迈还亲自为这篇文章撰写编者按："由于马克思的独创见解、深刻和全面研究的结果以及由于他的典范的语言风格远远超过政治家的一般水平之上，甚至他的敌手也不得不佩服他。"①

马克思是在贫病交加中撰写这部著作的。1852 年 1 月以来，马克思得了重病，只能勉强工作。马克思在信中写道："多年来还没有一件事，甚至最近的法国丑事也没有象这该死的痔疮那样打破我的生活常规。"而尤其严重的是，马克思的资金短缺令他在伦敦生活窘迫。2 月 27 日他写道："一个星期以来，我已达到非常痛快的地步：因为外衣进了当铺，我不能再出门，因为不让赊账，我不能再吃肉。"② 马克思的夫人燕妮给魏德迈的信里写道："我的丈夫由于紧张的夜间工作——因为白天他必须为家务事奔走——，眼睛痛得很厉害，所以他今天不能写信给您，我不得不担负起一切秘书职务。……他请您马上把他的论拿破仑的文章的五篇寄回，如果您不能刊登的话。也许，我们能把它们译成法文出版，虽然放弃德文的确很可惜。我的丈夫认为，最好您能在美国出版这东西，因为它肯定能收回成本；并且最好还能在德国推销，因为它对当前最重大的事件做出了历史的评价。……为了不致拖延过久，您可以将每一篇单独刊登，因为这些东西非常引人注意。然后可以把所有这些并在一起。……我再说一遍，请您尽力将这部著作印成小册子。如果办不到，请您把它寄回，——无论如何必须把它出版。"③

---

① 〔德〕弗兰茨·梅林著，罗稷南译：《马克思传》，生活·读书·新知三联书店 1956 年版，第 102 页。

② 《马克思恩格斯全集》第 28 卷，人民出版社 1973 年版，第 475、28 页。

③ 《马克思恩格斯全集》第 28 卷，人民出版社 1973 年版，第 643—644 页。

然而，悲惨的家庭变故突然降临。马克思的小女儿弗兰契斯卡·马克思在复活节死了，而这已经是马克思在伦敦第二个去世的孩子了。马克思的夫人燕妮在日记里悲伤地写道："1852 年复活节，我们的可怜的小弗兰契斯卡害了沉重的支气管炎。三天以来这可怜的小孩跟死挣扎，受了许多苦痛。她的逝去生命的小身体挺在我们后面的小房间里，我们全都走进前面的房间，夜来的时候我们把床都铺在地板上。还活着的三个孩子同我们睡在一处，我们都为那现在已经冰冷地停在邻室里的可怜的小天使嚎啕大哭了。这可怜的小孩死亡于最穷苦的时间。我去访问不久以前曾经访问过我们那邻居的法国亡命客。他以友谊和同情接待了我，给我两镑钱，我的小孩能够安息在里面的棺材就是用这钱买来的，她一生下来就没有摇篮，而连这最后的小棺材也还不够长。当那小棺材抬出去到她永远安息地的时候，对于我是凄惨可怕的。"①

而在马克思女儿下葬的日子，魏德迈带着坏消息的信却寄到了。《革命》杂志 1852 年 1 月只出了两期，就因为经济困难而停刊。魏德迈在给马克思的信里写道："自秋初以来，这里盛行着的空前失业状况使人很难于开创任何新事业。而且近来工人们已经受了各式剥削，最初是金开尔，后来是葛苏士。不幸，他们的大多数都宁肯捐一元钱给敌对他们的宣传而不肯捐一分钱来捍卫他们自己的利益。美国的状况有一种异常腐化的影响，同时养成那骄傲的观念：美国人比他们的旧大陆的同志

① 〔德〕弗兰茨·梅林著，罗稷南译：《马克思传》，生活·读书·新知三联书店 1956 年版，第 105 页。

更好。”魏德迈 1852 年 4 月 9 日给马克思的信中写道：由于一个德侨工人拿出自己积蓄的四十美元，马克思的著作《路易·波拿巴的雾月十八日》才有可能出版。这对马克思无疑是十分大的打击。马克思写道：“你可以想象，魏德迈的信在这里留下了多么不愉快的印象，特别是对我的妻子，因为信是在埋葬我的最小一个孩子那天寄到的。她看到两年来我的整个事业如何不断遭到挫折。”① 魏德迈的这一行为遭到了威廉·沃尔弗的激烈批评。

在不幸之中，终于迎来了好消息，魏德迈在 4 月 9 日的信里写道：“意外的援助终于解除了阻碍那本书出版的种种困难。我发了前一封信之后，我遇见从法兰克福来的我们的一个工人，一个缝工，也是去年夏季才到这里的，而且他立刻把他所急需的四十美元全部交给我”。② 没有这工人，《雾月十八日》或许是不能出版的：而魏德迈却连那工人的名字也写不出来。马克思得到《雾月十八日》有出版希望的信特别高兴，可见他对这部著作格外珍惜。经过一波三折，《雾月十八日》终于以小册子的形式出版了。魏德迈在美国印了 1000 本《雾月十八日》，其中，1/3 都寄到欧洲，但是并未经过书商的手，因为甚至“激进”的书商也坚持不肯经售这本“不合时宜”的著作。从这些往来的信件中可以看出马克思对及时出版这一著作耗尽的心血。相比起雨果和蒲鲁东的著作，马克思的著作是在贫病交加、家庭变故中出版的，然而，历经时间的洗练，这部

---

① 〔德〕弗兰茨·梅林著，罗稷南译：《马克思传》，生活·读书·新知三联书店 1956 年版，第 105 页。

② 《马克思恩格斯全集》第 28 卷，人民出版社 1973 年版，第 519 页。

精彩的作品却留下了更加璀璨的光辉。

三、《路易·波拿巴的雾月十八日》内容简介

《雾月十八日》是马克思总结法国1848年革命经验和解释1851年12月2日路易·波拿巴政变的重要著作。在这部著作中，马克思运用唯物史观阐述了当时法国的社会结构和阶级斗争状况，评述了路易·波拿巴政变的原因、过程和结局，并通过对历史事件的生动描述和精辟分析，检验了历史运动的规律。这部著作的主要内容，就是分析从1848年二月革命起至1851年十二月政变止的法国主要政治事件。马克思将这一段历史分为三个时期，即二月时期，共和国成立和制宪国民议会时期，以及立宪共和国和立法国民议会时期，这是贯穿全书的主要历史脉络：

“Ⅰ. 第一个时期，从1848年2月24日起到5月4日止。二月时期。序幕。普遍友爱的骗局。

Ⅱ. 第二个时期，共和国成立和制宪国民议会时期。

（1）从1848年5月4日起到6月25日止。一切阶级对无产阶级进行斗争。无产阶级在六月事变中遭受失败。

（2）从1848年6月25日起到12月10日止。纯粹的资产阶级共和派专政。起草宪法。宣布巴黎戒严。资产阶级专政因12月10日波拿巴当选为总统而废除。

（3）从1848年12月20日起到1849年5月28日止。制宪议会对波拿巴以及和波拿巴联合起来的秩序党进行斗争。制宪议会灭亡。共和派资产阶级遭受失败。

Ⅲ. 第三个时期，立宪共和国和立法国民议会时期。

(1) 从 1849 年 5 月 28 日起到 1849 年 6 月 13 日止。小资产阶级同资产阶级和波拿巴进行斗争。小资产阶级民主派遭受失败。

(2) 从 1849 年 6 月 13 日起到 1850 年 5 月 31 日止。秩序党实行议会专政。秩序党以废除普选权而完成自己的统治,但失去议会制内阁。

(3) 从 1850 年 5 月 31 日起到 1851 年 1 月 12 日止。议会资产阶级和波拿巴进行斗争。

(a) 从 1850 年 5 月 31 日起到 1851 年 1 月 12 日止。议会失去军队总指挥权。

(b) 从 1851 年 1 月 12 日起到 4 月 11 日止。议会重新支配行政权的企图遭到失败。秩序党失去独立的议会多数。秩序党同共和派和山岳党联合。

(c) 从 1851 年 4 月 11 日起到 10 月 9 日止。企图修改宪法,融合和延长任期。秩序党分解为各个构成部分。资产阶级议会和资产阶级报刊同资产阶级群众最后决裂。

(d) 从 1851 年 10 月 9 日起到 12 月 2 日止。议会和行政权公开决裂。议会正在死亡和崩溃,被自己的阶级、军队以及其余各阶级所抛弃。议会制度和资产阶级的统治覆灭。波拿巴获得胜利。对帝制复辟的拙劣可笑的模仿。”①

马克思的这部著作是应魏德迈《革命》周刊的邀请,历经 3 个多月分章写就的小册子。他在给魏德迈的信中写道,“在

① 马克思著,中央编译局译:《路易·波拿巴的雾月十八日》,人民出版社 2001 年版,第 97—98 页。

小册子中也用一、二、三、四、五、六、七把我的文章分开，就象给你寄去的那样。这些数目字对读者来说将成为支点。它们代替标题。”① 全书的结构也同马克思的简略历史分期基本契合。

第一章，1848 年 2 月 23 日至 6 月 27 日。开首论及唯物史观的理论，继而指出资产阶级革命与无产阶级革命的区别，其次详述革命的第一阶段（从二月革命到六月起义）之经过，在这一阶段中，其他的各阶级联合起来对付无产阶级，把无产阶级打败。

第二章，1848 年 6 月 28 日至 1849 年 5 月 28 日。详述革命的第二阶段之经过：无产阶级被打败之后，纯粹资产阶级共和派专政，制定了宪法，全国选举路易·波拿巴为总统。总统与秩序党联合起来对抗国民制宪会议。国民议会被宣布解散，纯粹资产阶级共和派趋于没落。

第三章，1849 年 6 月 13 日至 1850 年 5 月 12 日。详述立宪共和国与立法国民议会第一个阶段之经过：小资产阶级与资产阶级斗争，与波拿巴斗争，6 月 13 日的示威，小资产阶级民主主义者被打败。

第四章，1849 年 6 月 13 日至 1850 年 5 月 21 日。详述立宪共和国与立法国民会议第二阶段之经过：秩序党之议会的专政。秩序党为保持其权力，而废除了普选制，但丧失了议会对内阁的统治权。

第五章，1850 年 5 月 31 日至 1851 年 4 月 11 日。详述立

① 《马克思恩格斯全集》第 28 卷，人民出版社 1973 年版，第 511 页。

宪共和国与立法国民议会第三阶段的经过：国会的资产阶级与波拿巴之斗争，国会丧失了对于军队的统治权，国会企图重新恢复其对于行政权的统治，但又告失败；秩序党因在议会中不再占多数，乃与共和主义派及山岳党联合起来。

第六章，1851 年 4 月 11 日至 12 月 2 日。详述立宪共和国与立法国民议会第四阶段的经过：在修改宪法问题上，各派发生了冲突；奥尔良派与正统派企图合并，但告失败。秩序党分裂；议会与行政权决裂，波拿巴举行政变，波拿巴胜利，议会政治告终。

第七章，详述十二月政变，指出波拿巴王朝的阶级基础。叙述法国农民在资产阶级革命初期与资产阶级革命后的地位；分析“拿破仑观念”；指出了波拿巴政府的诸多矛盾，提出无产阶级革命必须打碎和破坏资产阶级国家机器的理论。

第二章

历史的复调：法国革命简史

马克思在本书一开篇就指出："人们自己创造自己的历史，但是他们并不是随心所欲地创造，并不是在他们自己选定的条件下创造，而是在直接碰到的、既定的、从过去承继下来的条件下创造。一切已死的先辈们的传统，像梦魇一样纠缠着活人的头脑。当人们好像刚好在忙于改造自己和周围的事物并创造前所未有的事物时，恰好在这种革命危机时代，他们战战兢兢地请出亡灵来为他们效劳，借用它们的名字、战斗口号和衣服，以便穿着这种久受崇敬的服装，用这种借来的语言，演出世界历史的新的一幕。"① 在分析政变原因的时候，要特别注意到法国革命史的内在关联。

马克思十分熟稔法国历史和时事，在巴黎居住期间，他曾为研究 18 世纪法国革命史做了大量笔记，并计划写一本《国民公会史》。在他和恩格斯看来，法国革命具有十分典型的意义。正如恩格斯所说："法国是这样一个国家，在那里历史上的阶级斗争，比起其他各国来每一次都达到更加彻底的

---

① 马克思著，中央编译局译：《路易·波拿巴的雾月十八日》，人民出版社 2001 年版，第 8—9 页。

结局；因而阶级斗争借以进行、阶级斗争的结果借以表现出来的变换不已的政治形式，在那里也表现得最为鲜明。法国在中世纪是封建制度的中心，从文艺复兴时代起是统一的等级君主制的典型国家，它在大革命中粉碎了封建制度，建立了纯粹的资产阶级统治，这种统治所具有的典型性是欧洲任何其他任何国家所没有的。而正在上升的无产阶级反对占统治地位的资产阶级的斗争在这里也以其他各国所没有的尖锐形式表现出来。正因为如此，所以马克思不仅特别偏好地研究了法国过去的历史，而且还考察了法国时事的一切细节，搜集材料以备将来使用。”① 对中国读者来说，理解《雾月十八日》的主要难点，就是不熟悉法国革命史的掌故。为此，我们简略整理了基本史实。

一、1789 年法国大革命

马克思对比了 1789 年革命和 1848 年革命。他指出“1848 年的革命就只知道拙劣地时而模仿 1789 年，时而又模仿 1793—1795 年的革命传统。”他嘲笑道：“黑格尔在某个地方说过，一切伟大的世界历史事变和人物，可以说都出现两次，他忘记补充一点：第一次是作为悲剧出现，第二次是作为笑剧出现。科西迪耶尔代替丹东，路易·勃朗代替罗伯斯比尔，1848—1851 年的山岳党代替 1793—1795 年的山岳党，侄子代替伯父。在使雾月十八日事变得以再版的种种情况中，也可以

① 马克思著，中央编译局译：《路易·波拿巴的雾月十八日》，人民出版社 2001 年版，第 6—7 页。

看出一副同样的漫画！”① 所以，在马克思眼里，1848 年革命中的人物和事件受 1789 年法国大革命影响很大，无异于一场“亡灵召唤活动”。

法国大革命在世界历史上占据着独特的地位：它处于“大西洋革命”的洪流之中，这场洪流成为 1770 年到 1800 年这个历史时期的标志。与此同时，法国革命具有其独特的经典性，即在一个绝对君主制国度内部通过对政治民主化的改造来实现社会的现代化转型。因此，法国大革命通常被认为是世界政治发展史上划时代的里程碑，是全球性的政治民主化潮流开启的标志。

1. 法国大革命的背景

旧制度的法国依然保留着封建生产方式，其经济制度深受农村世界的支配，农民约占法国人口的 85%，因此农业歉收会给整个经济制度造成沉重的危机，1788 年的饥荒即为导致法国革命爆发的直接原因。旧制度是个等级社会：教士是第一等级，随后是贵族，最后是第三等级。贵族作为一个团体占据了法国土地的很大一部分，可能接近 30%；教士，另一个特权等级，拥有 6%～10%的土地；所以 1/3 以上的土地属于这些特权阶层。之所以称之为“特权阶层”，是因为他们享有种种特权，其中最为重要的是税收特权，豁免了贵族和教士的税收。这些把持土地资源却对国家财政无任何贡献的特权者也因此被称作寄生者。

---

① 马克思著，中央编译局译：《路易·波拿巴的雾月十八日》，人民出版社 2001 年版，第 9、8 页。

由于贵族习惯于依靠租金过日子的懒散生活，所以与当时新兴的资产阶级相比，他们处于相对的衰落之中。相当一部分外省的中等贵族因收入不足而陷入窘境，无法维持过分的排场，甚至上层的宫廷贵族也处境艰难，这些人的寄生性几乎被制度化了。面对这种总体性的衰落，贵族的反应强硬而保守。乡村领主设法翻新地籍登记册，以期更为严格地征收古老的捐税。在国家层面，一些法令封闭了平民获得某些军衔的道路，强化了贵族对陆海军的垄断。

对平民而言，无论是农民还是资产阶级，贵族强硬而保守的举措都使其深受伤害，被确认、被感知的各种区分、隔阂、禁忌弥散于社会当中。除了特权阶层与第三等级之间的矛盾之外，绝对君主与贵族之间亦以政治对抗的形式呈现出某种内部紧张。1787 年，当大臣卡隆召集显贵会议以解决财政难题时，他遭到了特权者的拒绝；与会者控诉绝对主义，抨击国王的权力和大臣的权威，还企图审判卡隆。当他的继任者洛梅尼·德·布里埃纳因财政问题而求助于高等法院时，他同样遭到另一些特权者的反对，这场运动颇得民心，并启动了关于召集三级会议的呼声。

与贵族的衰落相伴而生的是资产阶级的兴起。他们主要聚居于城市，购买土地或能够受封为贵族的官职能为资产阶级带来荣誉，成为他们融入旧世界的方式。资产阶级基本是生产性的，但其中包括大量的零售商兼工匠，他们是独立生产的小资产阶级，社会界限不清；层次更高的是大商人，他们活跃于各商业港口，如南特、马赛和波尔多，靠大宗海外贸易发财；最后是巴黎和里昂的银行家们。工业资产阶级也已出现，但在一个生产技术发展缓慢、商业资本主义与各种城乡作坊调和在一起的时代，它仍处于次要地位。资产阶级中也有很多律师、公证人、诉讼代理人和医生，他们是第三等级关键性的代言人，并将成为大革命的明星。

2. 法国大革命的爆发

1789 年 5 月 5 日，国王在凡尔赛庄严宣布三级会议开幕，1139 名代表齐聚凡尔赛宫。第三等级十分认真地起草了《陈情书》，起草者有教士、公证人、律师和行会会员，他们要求限制被认为是“专制”的王权，并要求颁布王国“宪法”，废除农村的领主特权。1789 年 1 月，修道院长西耶斯发表了一本小册子，名为《什么是第三等级?》，表达了资产阶级的基本要求。什么是第三等级呢? 西耶斯回答说：“是一切! 但直到现在，他们在政治上怎么样呢? 毫无地位。他们要求什么呢? 要求有一定地位!”为了使第三等级获得“一定地位”，就要打倒旧制度的两个支柱：一是绝对主义，因为它反对国民代表的观念；另一个就是特权，因为它把第三等级排除在国家之外。“第三等级是什么? 是一切! 然而是受束缚、受压迫的一切。废除特权等级以后，它会是什么呢? 仍然是一切，然而是自由而昌盛的一切。”① 在西耶斯的倡议下，第三等级的代表在 1789 年 5 月 6 日的讨论中打出了“众议院代表”的称号。

1789 年 6 月 10 日，第三等级决定单独审查代表资格。几位教士代表参加了第三等级的行列。17 日，在西耶斯的倡议

① 〔法〕皮埃尔·米盖尔著，桂裕芳、郭华榕等译：《法国史》，中国社会科学出版社 2010 年版，第 182 页。

下，自称“占全国 96%”的第三等级单独组成“国民议会”，宣告自己是法兰西的代表人。路易十六试图抵抗，6 月 20 日，他关闭了第三等级的会议厅。代表们集合到“网球场”，共同宣誓：非待产生法兰西宪法，决不解散。从此，代表“国民”的第三等级与国王相互抗衡。国王一度打算动用武力，但归附于第三等级的贵族代表表示反对，拉法耶特等人扶剑在手，路易十六终于不再坚持，第三等级控制住了局势。在 6 月 23 日的御前会议上，路易十六承认立宪政府的原则，命令三个等级合庭议事，“三级会议不复存在，国王的权威被置于国民代表的控制之下”。①

7 月 8 日，国民议会决定向国王呈交一份请愿书，要求调离军队。7 月 11 日，国王通过掌玺大臣回答说，军队只是用来预防新的骚乱的；路易十六又于当天把内克解职，召反革命分子布勒特伊男爵为大臣。7 月 12 日下午，内克被解职的消息传到巴黎，巴黎人民被激怒了，一支简陋的资产阶级民团建立起来。7 月 14 日，人们要求全面武装，为了得到武器，人群涌向巴士底狱，去找武器。巴士底狱是旧制度的象征，人民攻陷了巴士底狱。监狱长德·洛内被斩首，他的首级挂在矛尖上游街示众。暴力行动席卷了大街小巷，巴黎的资产阶级借助人民的胜利夺取了首都的行政权力。路易十六于 7 月 16 日再度召回内克，并于 7 月 17 日亲自来到巴黎，以亲赴巴黎的举动对 7 月 14 日起义的结果加以认可。国王接受三色帽徽，上面用巴

① 〔法〕阿尔贝·索布尔著，马胜利、高毅、王庭荣译，张芝联校：《法国大革命史》，中国社会科学出版社 1989 年版，第 97 页。

黎城的传统色彩蓝色和红色镶着象征王室的白色。全城的窗口和阳台上立即挂满了三色旗。

1789年8月26日，国民制宪议会通过了《人权与公民权宣言》，声称“自由”就是有权采取一切无害于他人的行为，“平等”就是废除特权。绝对主义王权受到了谴责，只有全体国民是至高无上的。“任何个人，任何部分公民的团体都不得把主权据为己有”，因为“主权本质上存在于全体公民之中”。主权的表现形式就是法律，“也就是公民或公民代表的大多数所表达的普遍意志”。[①] 宣言对特权社会和君主制的弊端进行了不明言的宣判，它成为“旧制度的死亡证书”，同时也吸收了哲学家们的理论，表达出资产阶级的理想，奠定了一个新的社会秩序的基础。[②]

3. 君主制的崩溃

1791年9月3日，制宪议会通过宪法。9月13日国王宣誓接受宪法，宪法当即生效。《1791年宪法》规定，法兰西的宪政为代议制，其代表者为立法议会和国王。国家实行分权制，立法权委托给立法议会，由它在国王批准的情况下行使；行政权委托给国王以及他管辖之下的部长与官吏们行使；司法权委托给由人民按时选举的法官。

1791年10月，立法议会开幕，新生的法国与旧制度的欧洲针锋相对。对外国入侵的恐惧使人民心中产生了对贵族阴谋

---

① 〔法〕皮埃尔·米盖尔著，桂裕芳、郭华榕等译：《法国史》，中国社会科学出版社2010年版，第185页。

② 〔法〕阿尔贝·索布尔著，马胜利、高毅、王庭荣译，张芝联校：《法国大革命史》，中国社会科学出版社1989年版，第110页。

的忧虑，宗教分裂和反抗派教士的骚乱助长了贵族阶级的反抗，纸券贬值与经济危机在各地引起骚动。1791年8月，奥地利皇帝和普鲁士国王在皮尔尼茨号召欧洲各国君主组成反对法国革命的十字军。立法议会很快采取了行动：命令流亡的王公们返回法国，命令反叛的教士们在一星期内进行教士公民组织法宣誓。路易十六否决了这后一项命令。路易十六的这个行动是导火索，促使左派的革命活动又掀起新高潮，布里索和罗兰领导的吉伦特郡的革命者——“吉伦特党”发动了一场反“否决权先生”的暴烈运动。①

有关阴谋的传闻成为战争的助燃剂，主战派是由布里索派和宫廷联合组成的，但二者主战的原因却大相径庭。宫廷主张战争是因为它把获救的希望全部寄托在外国干涉上，它指望战局对法国不利，战争的失败使得绝对君主制得以恢复。布里索派主张战争是从国内和国外政策考虑的，它想用战争迫使叛国分子和路易十六暴露出真实面目，并认为战争是符合国民利益的。

革命军面对奥地利和普鲁士的职业军队，不堪一击。普鲁士军终于和奥地利军汇合入侵法国本土。国外的危险加速了君主制的崩溃。7月，普鲁士军进展迅速。在巴黎，无套裤汉组成了200个志愿营参加军队，立法议会宣布“祖国在危急中”。7月25日，人们得知普军统帅布伦瑞克公爵发表宣言，扬言将对巴黎进行军事处分。当宣言于8月1日传到巴黎后，激怒了

---

①〔法〕皮埃尔·米盖尔著，桂裕芳、郭华榕等译：《法国史》，中国社会科学出版社2010年版，第188页。

所有的爱国者，并引发了 8 月 10 日起义。这一起义是由起义委员会精心策划的。起义委员会在 6 月 20 日秘密成立，主要由巴黎市长佩蒂翁和雅各宾俱乐部成员丹东负责。行动的目的是袭击议会，因为议会迟迟不进行废黜国王的表决。8 月 10 日早晨，在丹东等人的领导下，起义公社夺取了政权。杜伊勒里宫遭到袭击，国王到议会避难，杜伊勒里宫堡被攻占。政权执行机构不复存在，国王被“停职”，软禁在卢森堡宫，由丹东和罗兰组成的执行委员会行使权力，君主制寿终正寝。

二、1793—1795 年的革命传统

1792 年 9 月 20 日，立法议会结束，国民公会始于同日，终于 1795 年 10 月 26 日。国民公会废除君主制，实行共和制，宣布 9 月 22 日为“共和元年的开端”，25 日国民公会声明“法兰西共和国统一不可分割”，12 月 16 日又决定凡破坏共和国的统一和不可分割者皆处以死刑。国民公会内设 21 个委员会，领导各种工作，其中以“救国委员会”与“公安委员会”最为突出。

国民公会中 2/3 的议员属于或倾向吉伦特派，孔多塞、布里索与维尼奥曾多次当选国民公会主席。他们在立法议会内属于左翼，至 11 月中旬在此议会中占据优势。同时，吉伦特派还左右着临时执行会议的工作。山岳派主要是巴黎革命市府一派，他们的政治力量不大，罗伯斯比尔等人的影响后来才逐渐增加。国民公会内中间派人数较多，又称平原派或沼泽派，他们如巴雷尔、西耶斯是共和制的拥护者，此时倾向吉伦特派，后逐渐转向山岳派。

1. 处死国王与清洗吉伦特派

在国民公会当中，吉伦特派与山岳派进行了激烈的斗争。吉伦特派主张经商自由、物价自由和人身自由。而山岳派和巴黎的极端分子则以“革命高于一切原则”作为自己的纲领。山岳派的政治信徒更接近平民，但远非平均主义。罗伯斯庇尔的信徒热衷于私有制和自由主义。追随丹东的工匠和店主是企业自由的狂热拥护者。不管山岳派如何热衷于自由和财产权，他们首先要进行战争，拯救革命，强制实行商品限价、征用劳役或物资。①

吉伦特派要营救遭到山岳派控告的国王，但未能成功。杜伊勒里宫著名“铁柜”的发现激怒了左派，因为里面保存有国王的秘密文件证实了国王和敌人进行的交易。罗伯斯庇尔宣称，处死国王必将巩固新生的共和国。1792 年 12 月 11 日，对国王的审判开始了，并于 1793 年 1 月 14 日交付决议。除了几票弃权外，议会一致投票宣布国王有罪。吉伦特派失败了。1793 年 1 月 21 日国王被处死。处死国王激起了欧洲君主国的反法热潮。从此，法国成了“弑君共和国”，它应该受到惩罚。英国、西班牙、荷兰联省参加了反革命同盟。迪穆里埃和奥尔良公爵的儿子夏尔特尔公爵弃军投敌。

1793 年 3 月底开始，吉伦特派被认为应对叛变和军事失利负责，因此在国民公会中受到责难，并成立了革命法庭来审判“嫌疑分子”。5 月 31 日，起义在主教府委员会的领导下，按 8

① 〔法〕皮埃尔·米盖尔著，桂裕芳、郭华榕等译：《法国史》，中国社会科学出版社 2010 年版，第 191 页。

月 10 日起义所采取的方式展开了。6 月 2 日，运动再起，起义委员会组织 8 万国民自卫军包围国民公会，迫使其逮捕吉伦特派议员，吉伦特派就这样消亡了。

2.《1793 年宪法》与法兰西第一共和国

《1793 年宪法》又称“共和元年宪法”。1792 年 9 月 29 日，国民公会决定建立制宪委员会，10 月 11 日选出它的成员 9 人：布里索、孔多塞、佩蒂翁、维尼奥、让索内、巴雷尔、西耶斯、托马斯·潘恩、丹东。前 5 人是吉伦特派，巴雷尔与西耶斯属沼泽派但是倾向吉伦特派，潘恩接近吉伦特派，仅丹东 1 人为山岳派。孔多塞对于草案的完成起了主要作用。该草案代表吉伦特派的主张，因而也被称作“吉伦特派宪法草案”。该草案几经辩论后遭到国民公会的忽视，反对者主要是山岳派。1793 年 6 月初，山岳派控制的国民公会授权“救国委员会”制定新宪法的另一个草案。6 月 10 日，救国委员会向国民公会提交新的草案，24 日，国民公会经讨论后以多数票通过。

《1793 年宪法》分为宣言和正文两部分。《人权与公民权宣言》宣告主权在于人民，强调“社会的目的在于共同的幸福”。设立政府的目的是为了保证人民享受其自然的与不可动摇的权利，即平等、自由、安全与所有权。与《1791 年宪法》相比，它对民众规定了较为宽广的权利范围。不再区分积极公民与消极公民，各区公民集会时有权表达意见。依据《1793 年宪法》，“立法团”是国民议会的新名称，为常设的统一和不可分割的机构，每年 7 月 1 日开会，会期一年，会议公开。凡是法国公民皆可当选议员，他们是“全国的代表”。全国行政机构称“执行会议”，它的成员为 24 人，担负着全国的行政责任，领导与监督全部行政工作，执行立法团的法律与法令。作为行政权，执行会议必须从属于议会，即立法权，它的人员由立法团选举、立法团有权召集他们去列席会议或向立法团报告工作，它任命行政长官时受到立法团的约束。

1793 年 7 月开始举行有关新宪法的公民投票，多数人表示赞成新宪法。根据 6 月 27 日法令，法国人民对新宪法的意愿公布后，国民公会应在最短期限内召开初级会议，以便选举国民议会议员和组织已经规定的权力机构。可见一旦新宪法颁布实行，国民公会应当随后解散。然而当时正值困难时期，反法联军直逼巴黎，8 月 11 日，罗伯斯庇尔在雅各宾俱乐部发表演说，主张正值危急时刻，国民公会不应解散。他的讲话得到了在场者包括初级会议代表们的赞同。12 日，初级会议的代表们来到国民公会，建议延期实行新宪法。10 月 10 日，国民公会决定这一部新宪法暂不实行，《1793 年宪法》被束之高阁，从未生效。

3. 革命政府

1793 年 10 月 10 日法令在将《1793 年宪法》暂缓实行的同时，亦宣布“在实现和平之前，法国的临时政府将是革命的”。临时执行会议、各部部长、将领、各法定机构皆将处于救国委员会的监督之下。这就是“革命政府”的开端。同年 12 月 4 日，国民公会通过另一项法令，具体规定这个“革命政府”的组织结构、职权、运行、改组、整顿以及人员的惩罚等事宜。10 月 10 日法令为 14 条，12 月 4 日法令为 69 条，这两项法令未经辩论，而分别根据圣茹斯特和罗伯斯庇尔的报告通过表决。

“革命政府”是由山岳派掌权的、严厉打击当时认定的一切敌人的政府。这个“革命政府”就是救国委员会。救国委员会根据1793年4月6日法令成立，它的职权以1个月为限，前期它曾多次改组，后来从同年9月末起它的人员未作更动，它的成员为罗伯斯庇尔、库通、圣茹斯特、巴雷尔、卡尔诺、科洛·德布瓦、比约·瓦雷内与埃罗·德塞舍尔等12人。

1794年4月1日，卡尔诺代表救国委员会在国民公会作报告，要求进一步集中权力，取消6名部长的职权（包括司法、海军、对外、内政、陆军、财政），代之以12个“执行委员会”，实际上从此取消1792年8月15日以来一直存在的临时执行会议，即原来的最高行政机构。新设立的12个执行委员会分别为民政、警务与法庭、教育、农业与工业、商业与粮食、防御工事、救济、交通与邮政、税收、陆军、海军与殖民、军火与外交。每个委员会2～3人，他们由救国委员会提名，国民公会任免。救国委员会全面领导这些委员会的工作，后者如同行政事务的办事机构，从属于救国委员会。救国委员会产生于立法权，它不仅掌握行政权与司法权，而且逐渐控制立法权，实行雅各宾专政。

公安委员会是仅次于救国委员会的重要的专政机构，它在一定时间内和救国委员会共同领导了革命政府下属的惩罚和监督机构。1793年12月4日法令规定公安委员会的成员应该尽职尽责。依据有关条文，公安委员会高于临时执行会议，后者应向救国委员会报告工作。公安委员会与救国委员会本来是国民公会选出的两个平行的委员会，同样向国民公会报告工作与对它负责。但是，随着救国委员会权力的迅速增加，1793年9

月 13 日改组时公安委员会的成员名单改由救国委员会提出，后经国民公会同意，它的工作也接受救国委员会监督。1794 年春夏，公安委员会成员 12 人，如阿马尔、贝尔、大卫、雅戈、勒巴等，其中勒巴与大卫是罗伯斯庇尔的支持者。

在内外交困当中，革命政府决意不惜一切代价拯救革命。1794 年 6 月 10 日（牡月 22 日），“大恐怖法”获得通过，恐怖统治随即全面开始。依据大恐怖法成立了革命法庭，其目的在于惩罚人民的敌人：凡企图取消公共自由、恢复王政、侮辱与解散国民公会和革命共和政府、背叛共和国、私通共和国的敌人、使军队缺少粮食、帮助贵族逃亡、隐藏贵族、攻击爱国主义、收买人民代表、滥用法律、蛊惑人民反对自由、传播假消息并引起混乱、贪污与盗窃者等为“人民的敌人”。大恐怖法公布后，判处死刑的案件急速增加。1793 年 3 月至 1794 年 6 月 10 日，巴黎判处死刑者 1250 人，而从 1794 年 6 月 10 日至 7 月 27 日判处死刑者多达 1376 人。

1794 年春，法国在对外战争中频频取得胜利，新的恐怖行动似乎已没必要了。但罗伯斯庇尔却比过去更想维护他的“美德专政”，举行了赞扬最高存在的盛大仪式。在救国委员会中，皮尔诺等谴责他专制和偏激，原丹东派、反悔的恐怖分子如塔里安、富歇和巴拉斯密谋反对他，他们感觉到法国渴望和平而厌倦流血。热月 8 日（7 月 26 日），罗伯斯庇尔觉察到了危险，企图抢先下手，他向国民公会控告他的敌人，但没有人响应他。热月 9 日，国民公会议员卢舍对罗伯斯庇尔提出控告，获得国民公会一致通过，罗伯斯庇尔及其党徒被捕并被送上断头台，雅各宾派随之在国民公会中失势，较为温和的热月党人上台，开始了热月党国民公会统治时期。史称“热月政变”，又称“热月反动”。

“热月政变”被视为法国大革命的转折点：此前，人们致力于推翻旧制度，革命日渐激进；此后，革命渐趋温和，人们开始考虑如何结束革命，巩固共和制，建立秩序与稳定。为此，热月党人于1795年8月22日通过了共和三年宪法，规定议会掌握立法权，分设两院，即元老院和五百人院，后者负责提出法案，并呈交元老院审核；此外，元老院根据五百人院提出的候选人名单，确定五人组成“督政府”，作为行政机构。9月6日，全国就新宪法举行公民投票，28日公布投票结果：新宪法获得全民投票的通过并随即生效。在完成制宪任务后，国民公会于1795年10月26日宣告闭幕，进入督政府时期。

三、雾月十八日政变与拿破仑帝国

对督政府来说，要在动荡的时局中，维持温和、中庸的政策路线，也实属不易。在来自左、右派别的夹击之中，热月党当局感到，无法在宪法的框架范围内维持政局稳定，只能诉诸非常措施来捍卫共和国政权。在共和五年的选举中，王党候选人占据了议会大多数席位，于是操纵立法机关，干涉督政府事务，甚至妄图复辟君主制；为了挽救政权，督政府求助军队支持，于果月18日发动政变，宣布5月选举无效，把王党议员逐出两院，史称“果月政变”。在保王派的势力瓦解后，雅各宾派又在共和六年的选举中获胜，面对来自左面的威胁，督政府又故伎重演，强制取消选举结果，史称花月政变。

在来自各方的夹击之中，督政府不但没能进一步巩固政权，反而显得有些力不从心、威信渐失。经济萧条、税收加重、实行征兵，引起了普遍的不满；保王党与雅各宾分子相继发动叛乱，迫使督政府陷入日暮穷途的境地，共和七年的牧月30日事件，加剧了这一趋势。这天，议会两院向督政府发起进攻，指责督政们破坏了国民代表制和自由选举的原则，并弹劾了两名督政，迫使他们辞职。牧月30日事件，是议会针对“果月政变”“花月政变”，向督政府发起的反攻。

共和八年春天，又将开始新一轮的选举，必将再次激化各方势力的角逐；厌倦了政局不稳、政变频起的人们，以西耶斯、贡斯当、斯塔尔夫人为代表，掀起了“宪法修正论”的思潮。他们希望用“自行遴选代替选举”，进一步加强行政权，建立“强有力和稳定的政府”；在他们看来，唯有这样，督政府才能经受住来自各方的冲击，并在宪法的框架内维持政局稳定，避免频繁采取非常措施。然而，根据共和三年宪法规定，修改宪法的过程需历时9年，既然合法程序走不通，西耶斯决定再次求助军队，诉诸政变，迫使两院就范。雾月18日，西耶斯联合拿破仑等人，强制开除反对派议员，宣告督政府不复存在，成立了由西耶斯、拿破仑、罗歇·迪科组成的执政委员会，史称“雾月政变”。

1799年12月15日，共和八年宪法颁布，规定由3名执政领导参政院行使行政权力，并制订法律草案；法案评议委员、立法团对法律草案进行讨论，然后做出表决，组成立法机构；最后，法律交由元老院进行审查，获得通过后，由第一执政公布此项法律。拿破仑出任第一执政，“拥有全部行政权，部分立法权（任命参政成员与领导它制订法律草案、公布元老院通过的法律）与部分司法权（任命部分法官）。如此状况包含着一种隐约可见的政治趋势，第一执政可能走向个人专制”。1802年5月5日，元老院通过决议，将第一执政的任期延长10年；对此，斯塔尔夫人评论道：这是继共和八年宪法之后，拿破仑走向专制的第二步。8月2日，“元老院法令”宣布，拿破仑为终身的第一执政；8月4日，“元老院组织法令”进一步规定，第一执政可以指定自己的继任者，这部法令被称为“共和十年宪法”。元老院依据共和十年宪法的规定所赋予的权力，以发布命令的方式并经公民投票确认，法兰西第一共和国执政拿破仑为法兰西人的皇帝，并加冕称帝。

拿破仑能够执掌大权，首先与其在军队中的影响力密切相关，而军队对于热月—督政府时期的政局变化起着至关重要的作用。拿破仑初次在督政府时期崭露头角，是帮助时任督政官的巴拉斯镇压保王党叛乱，被誉为“葡月将军”。不久之后，拿破仑被任命为法兰西共和国意大利方面军总司令，并击退了奥地利帝国与撒丁王国组成的第一次反法同盟联军，迫使对方签署了有利于法国的停战条约，这使拿破仑在军政界的声望日益增高。

除了通过军事功绩在政界获得名望之外，拿破仑也十分注重获取舆论民心的认可。他不仅是一名军事家，更是一名政治家，其才能不仅体现在军事征战时，也体现在协调各方政治力量的运筹帷幄之中。拿破仑最为重要的支持力量是上层资产阶级，尤其是金融家与投机商，他们在革命中大发横财，用不值钱的纸币购买了大量的流亡者资产及教会地产。对于这些大资产者来说，他们最希望的就是能够建立一个有力的政权，既能防止王朝复辟，又能有力地镇压下层的民众起义，维持秩序与政局稳定，这样方可保住他们的资产。他们曾一度寄望于热月党政权，但督政府在保王党与雅各宾派的双重夹击下左右摇摆的秋千政策，无力维持稳定的统治，导致国内政局动荡不安。而拿破仑在军事征战中所体现出来的才干逐渐赢得他们的认可，让他们看到新的希望。

虽然资产阶级巨头是拿破仑最为重要的也是真正的支持者，但为了获取下层民众的支持，他并未公开与金融家的秘密联系；为了掩藏这种关系，拿破仑甚至公开宣称与金融家和投机商为敌，且逮捕、审查了一名投机商，并对此大加宣扬，以表明自己的立场。因此，拿破仑一直受到巴黎下层民众的拥戴，况且，他曾追随罗伯斯庇尔与雅各宾派，是共和国培养出来的军事家，也总以共和派自居，并深知共和制对于法国的意义。但与此同时，他又能够维持好政府的权威，保证其不致滑向雅各宾主义；甚至很好地利用了人们对雅各宾派的恐惧来巩固自己的权威：在雾月政变中，拿破仑正是以雅各宾党人的威胁为由，敦促士兵们支持其发动政变，清除反抗他的议员，迫使议会选举他为第一执政。至于保皇派，拿破仑也愿意接纳服膺其权威的成员，只要他们放弃复辟旧制度的君权。最后，拿破仑让教会也成为其支持者。他与教皇签订了政教协议，在保留革命基本原则的同时恢复了天主教，但它不再是国教，而是大多数法国人的宗教。从某种程度上说，天主教注重等级秩序的教义与其希望加强中央集权的政策举措是相契合的，且拿破仑掌握了任免教会重要职务的权力，教皇只能授予圣职。继此之后，拿破仑又敦促教皇颁布敕令，让新教与犹太教获得与天主教平等的地位，从而获得各教派信徒的拥戴。

概而言之，拿破仑依凭其赫赫战功获得进入政界的机会，他不仅是一名骁勇善战的将军，凭借其军事才干为法兰西带来和平与荣耀，更是一名懂得运筹帷幄、善于协调各方力量的政治家，这一切使他在一个经历了激进革命后依旧政局动荡的社会中成为各方力量所愿倚赖的权威。但与此同时，他并没有仅仅依凭武力走上最高统治者的位置，而是尊重大革命所缔造的“人民主权”原则，诉诸全民公决来为其政权赢得合法性：1800 年为新宪法诉诸全民公决，1802 年为执政府诉诸全民公决，1804 年为帝国诉诸全民公决，并因此赋予男性公民普选权。全民公决是人民主权的象征，它与旧制度下的绝对王权不同，但却以另一种“绝对”的形式成为拿破仑当选第一执政、继而登上帝位的支点。

四、波旁复辟与七月王朝

由拿破仑战争所引发的 19 世纪初期欧洲国家的这一系列革命和改革，在给各地的封建专制制度予以沉重打击的同时，使资本主义在更多地区确立起来，并预示着更大规模的革命风暴的到来。

1. 波旁王朝复辟

在反法同盟的围剿中，拿破仑帝国崩溃，波旁王朝复辟，路易十八即位，并颁布了 1814 年宪章。1814 年宪章基本上维持产生于 1789 年的社会。宪章答应尊重公众自由，对获得国有财产表示认可。国王享有行政权和立法创制权。贵族院由国王指定的议员组成，他们是终身的或是世袭的。和贵族院并列的有众议院，每五年选举一次，有权对法律和赋税进行表决。参加选举要符合财产资格：只有缴纳至少300法郎直接税的人才能够参加投票，缴纳1000法郎直接税的人才有被选举权。这样，资产阶级有可能通过众议院参与政权；与此同时，更底层的“危险阶级”的代表被排挤在议会之外。①

路易十八颁布1814年宪法的主要目的，即在于使“打着白旗的极端派”与“佩戴三色帽徽的法国人”彼此和解，不再相互对峙：“我们心中最宝贵的愿望就是希望法国人生活得亲如手足，我们今天授予他们的庄严文件定会带来安全，但愿任何心酸的回忆永不扰乱这种安全。”然而极端派不满国王的妥协意愿，要求控制一切，摧毁革命和帝国时期的业绩；资产阶级则急于像英国那样取得政权，把热衷于进行复仇的极端分子逐出朝廷。

路易十八逝世后，查理十世继任，路易十八在位时，他是极端派的首领。查理十世厌恶君主立宪制，为了威慑群众并表示旧制度已复辟，他在兰斯教堂举行了十分隆重的加冕典礼，并在举行仪式时身穿紫红袍。在巴黎人民看来，仿佛国王在加冕时穿着主教服。查理十世继而颁布了一系列激怒自由派的措施：“渎神法”规定对亵渎圣体者处以死刑，对盗窃宗教物品者处以终身苦役；国王可任意指令建立一些教团；“关于补偿流亡者十亿法郎”的法令慷慨地补偿革命时期被剥夺的流亡者。

---

① 参见〔法〕皮埃尔·米盖尔著，桂裕芳、郭华榕等译：《法国史》，中国社会科学出版社2010年版，第228—229页。

过度的反动对自由派有利，他们不久就博得社会舆论的好感，并在1827年11月的议会选举中获胜。查理十世十分勉强地让自由派马蒂尼亚克组阁。马蒂尼亚克重新给报刊某些自由，并采取一些措施，禁止耶稣会教士开办新的教育机构，以满足自由派的要求。但他未能长久掌权，查理十世暗中策划使他倒台，并让反动分子波利尼亚克组阁。波利尼亚克是一个流亡分子，在帝国监狱消磨了多年岁月。他任命曾要求以“对仇视宗教的敌人处于酷刑”著称的拉布尔多内为内务大臣，陆军大臣则是在滑铁卢战役中投向敌人的布尔蒙将军。①

2.1830年革命与七月王朝登台

自由派的报刊掀起反叛运动，骚动蔓延至全国，极端敌视现存制度的抨击性小册子几乎在自由地流传。议会呈给国王一份由221名议员签名的“请愿书”，宣称自己应该掌握国家的命运，因为波利尼亚克政府的所作所为使全国感到愤慨，因此要求建立代议制以取代查理十世及其派别力求复辟的旧制度。国王冷淡地拒绝了这个要求，并于7月25日签署了几条敕令：第一道敕令是关闭报社；第二道敕令是解散议会；第三道敕令是改变选举法，此后只有土地所有者拥有选举权，商人缴纳的“营业税”不再算作选举的财产资格；第四道敕令确定下次选举在九月举行。②

《国民报》的记者梯也尔和阿尔芒·卡雷尔不久便成了反

---

① 参见〔法〕皮埃尔·米盖尔著，桂裕芳、郭华榕等译：《法国史》，中国社会科学出版社2010年版，第233页。

② 参见〔法〕皮埃尔·米盖尔著，桂裕芳、郭华榕等译：《法国史》，中国社会科学出版社2010年版，第234页。

对派的首领。《国民报》的请愿书写道："政府违反了法制，我们可以不服从。"这就是宣告起义。印刷工人、学生、新闻记者涌向街头，高呼"宪章万岁"。1830年27日深夜至28日夜凌晨，在戈德弗鲁瓦·卡芬雅克和综合工科学校青年学生的领导下，街道上筑起了街垒。在巴士底区和军械库区，人们在街垒上互相杀戮。自由派成立了一个由5人组成的"市政委员会"，力挺奥尔良公爵菲利普继任王位："奥尔良公爵参加过热马普之战，奥尔良公爵在战火中高举过三色旗，奥尔良公爵是唯一能够再次高举三色旗的人……他将从法国人民手中接过王冠。"[①] 8月6日，议会逐条讨论1814年宪章，决定每项条文的取舍。经众议院表决与贵族院审查后，9日，新国王宣布接受新宪章，对它宣誓效忠。14日，新宪章正式公布。

1830年宪章明确否定君权神授，国王应由议会任命。全体法国人不是国王的臣民，而是"公民"。立法机关由两个议院构成：贵族院和众议院。贵族院和众议院同时召开，会期延续时间也相同。贵族院成员由国王任命，但不是终身任职，也不准继承。贵族院由掌玺大臣任主席，它的成员年满25岁时可参加会议，满30岁时才有表决权。众议院的议员通过选民团选出，众议员应年满30岁，任期5年。选民必须年满25岁，众议院主席在每届会期之初由它本身选举产生，它的会议公开进行。路易·菲利普一世是国家最高元首，国王的人身神圣不可侵犯。他享有部分立法权、全部行政权和司法权。1830

① 参见〔法〕皮埃尔·米盖尔著，桂裕芳、郭华榕等译：《法国史》，中国社会科学出版社2010年版，第235页。

年宪章确立了君主立宪制，削弱了君主权力，增强了议会权力。宪章由议会制定，众议院议员经选举产生，国王由议会任命。他必须面对议会宣誓效忠宪章，无权改变政治体制。1830年宪章成为治理国家事务的依据，它结束了旧制度的统治，保证了资产者的统治，公民权利与政治自由得到扩大。

五、1848 年革命与法兰西第二共和国

1848 年革命是欧洲工业社会的重要转折点。在七月王朝的艰难转型中，法国出现了普遍的失业、贫困等社会问题。1848 年 2 月 24 日，法国巴黎爆发了二月革命，路易·菲利普的七月王朝轰然垮台，法兰西第二共和国成立。然而，新生的共和国仅仅存在了不到 4 年，就被共和国总统路易·波拿巴发动政变扼杀了。

1. 两场世界性的经济危机

马克思注意到加速革命爆发主要有两个经济事件。第一个经济事件是 1845 年和 1846 年的马铃薯病害和歉收，致使 1847 年的物价腾贵，在法国引起了流血冲突。金融贵族过着糜烂生活，人民却在为起码的生计而挣扎。第二个经济事件是英国普遍的工商业危机。1845 年，秋季铁路股票投机者整批失败的事实即已预示了这次危机的来临，1846 年，一系列偶然情况如谷物关税即将废除等使它稍有延缓，到 1847 年秋天，危机终于爆发了。最初是伦敦经营殖民地货物贸易的大商人破产，接着便是土地银行破产和英国工业区工厂倒闭。这场由经济瘟疫造成的工商业的毁灭，使得金融贵族的统治变得更加不堪忍受了。在巴黎，工业危机引起了一个特别的后果：一批在当时

条件下已无法再在国外市场做生意的工厂主和大商人只得涌向国内市场。他们开设大公司，使大批小杂货商和小店主被大公司的竞争弄得倾家荡产。因此巴黎资产阶级中间这一部分人破产的很多，他们也因此在二月革命中采取了行动。

2. 革命前的社会矛盾

路易·菲利普本人出自富有的奥尔良王族，他们在复辟时期领回了家族的大部分财产，领取了给予“流亡者”的赔偿金。路易·菲利普精心任命有财富或有经验的人为政府首脑，如银行家拉菲特、工业家卡齐米尔·佩里埃。贵族院的成员以大资产者为主，其中有许多高级行政官员、铁路公司老板、大商人。众议院的议员也多是大资产所有者或官员。1830 年，在 3000 万法国人中，约有 100 万人缴纳营业税，只有 10 万人有投票权。占统治地位的是上层资产阶级，他们为了维护自己的政治成果，利用国民自卫军来进行严密的社会防卫。中小资产阶级无权参加选举。这种状况不可能持续下去，资产阶级持续地发财致富，必然要突破“合法国民”的过分狭窄的范围。

奥尔良派的资产阶级政权主要面临着两种反对派：其一是被暴力排斥于政权之外的正统派。贝里耶和夏多布里昂在《每日新闻》和《法兰西报》上，在圣日耳曼近郊区公爵夫人们的沙龙里，发动了一次顽强的反对“街垒国王”的运动。在乡村和外省的城市中，正统派的贵族和僧侣仍然很有势力。其二是共和派。它在知识分子、自由职业者、新闻记者、技术干部和某些军人中拥有信徒。共和党的负责人是阿尔芒·卡雷尔和阿尔芒·马拉斯特那样的新闻记者，或是如卡芬雅克那样有名望的资产者。一些为未来的革命作准备的秘密会社成立了《人民之友社》或《人权社》吸引工人参加活动，为争取普选而战斗。

在两个反对派的夹击下，奥尔良王朝在两种政策之间犹疑不决：一种是自由主义的政策，主张从发展的意义上来实现宪章，尽快扩大“合法国民”的范围，最大限度地吸收法国人参加公共事务。这种倾向以银行家拉菲特为代表，但占优势时间不长，1830 年爆发了经济危机，12 月在巴黎爆发了 3 天骚动，拉菲特在社会冲突和逐渐蔓延的骚动气氛中辞职了。以卡齐米尔·佩里埃为代表的第二种倾向此时掌权。它主张自由主义的不妥协性，认为宪章上载明的社会规章应该一成不变。政府的职责就是维持秩序，只有秩序能够保证自由，罢工或起义损害了秩序与自由，工人只有遵守社会纪律才能改善自己的命运。

七月王朝下，工业革命的发展使得机器得到推广，手工工人受到排挤，工厂工人的劳动强度明显增加而工资却有所减少，工人们自发地捣毁机器，诉诸暴力，筑起街垒举行起义。里昂纺织工人的两次起义最为典型。1831 年 11 月第一次起义时，陆军大臣苏尔特派军镇压，双方死亡近 1000 人。1834 年 4 月第二次起义，遭到了 1700 发炮弹的轰击，结果死伤各 300 人左右。七月王朝政府与里昂起义者之间的较量折射出此时的社会矛盾与政治危机。工人的命运引起了人们的关注，一批“调查员”出于好奇或社会仁慈心，为工人们的利益提出控诉。在南特，盖潘博士指出，工人居住在污秽不堪的破屋里，身体受到摧残。维勒梅博士对机械化程度最高、最集中的部门即纺织业中的劳动者进行了广泛调查，指出“贫困”几乎要从肉体上消灭工人阶级。工厂工人的平均寿命不超过 30 岁。就连这样微薄的工资也是没有保障的，一旦遇到危机，工资还会减少，工人没有任何法律和物质上的保障。

1840 年以后，实权人物是基佐。他认为在秩序之中才能求得发展，国家不应支持工人反对老板；只应向工人提供一些手段，帮助他们在社会中晋升。基佐所维持的政治体系是为了保护信奉马尔萨斯主义思想的大资产阶级的停滞的社会，人们从各方面谴责基佐，认为这个政权是压迫人的、过时的，令人在因循守旧和犬儒主义中感到压抑。德拉克洛瓦和雨果深信路易·菲利普统治时期的法国蕴藏着力量。他们等待起义，希望起义。德拉克洛瓦画了《街垒上的自由神》，画中的自由神光辉灿烂。雨果把革命搬上了剧院的前台。

反对停滞社会的抗议运动不仅限于艺术家和作家，在工商界本身也有反抗。银行和大工矿企业中的青年职员阅读圣西门和傅立叶的著作，他们气愤地看到工业革命走上唯利是图的狭隘道路。在整个 1847 年，抗议运动波澜壮阔，尤以宴会运动最为突出。1794 年 7 月中旬，巴黎若干区曾举行“博爱宴会”与“博爱聚餐”，举行此项活动之际，公民们在其门口进餐。当时，山岳派专政政权已禁止各区的活动，人们只能在参加宴会活动时发泄不满，希望结束革命政府及其严厉政策。该项活动随即遭到官方的禁止。宴会运动重新掀起于 1838 年 8 月至 1840 年，人们以此表达不满，反对七月王朝的保守措施。1847 年 7 月 9 日，拉斯泰里在巴黎的沙托鲁举行宴会，参加者多达 1200 人，其中包括 80 名议员。不久，许多外省城市也举行宴会，其主持人经常是众议员、省议员、律师、市长等著名人物，人们举杯先“向国王致敬”，而后表达政治改革的要求。

它超越了民众通过民选代表、通过议会请愿的法定途径，而径直向全国、全体公民公开呼吁，形成了一种广泛的政治运动，对政府施加着强大的压力。

3. 从二月革命到走向政变

极端的贫穷困苦逼得人民走投无路，只好冒着枪林弹雨，撬起铺路石，进行街垒战。1789 年是这样，1848 年也是这样。1847 年歉收，骚动首先在农村爆发；在工业城市中，被迫失业的工人们捣碎机器。1848 年 1 月 19 日，主张改革的反对派决定在巴黎第十二区举行宴会，但是 14 日基佐政府下令禁止此次宴会的召开。22 日，学生和工人们反抗禁令上街游行，铸造街垒，夺取武器。同时，巴罗等反对派在议会内要求追究基佐内阁对于内外政策的责任。23 日，国民卫队违抗政府镇压民众的命令，基佐内阁被迫辞职。当晚在基佐办公的外交部附近，军队向游行者开火，杀死 52 人，受伤 74 人。民众随即举行抬尸游行，筑起新的街垒。24 日，路易·菲利普宣布退位，七月王朝结束；临时政府于即日应运而生，其成员主要如下：主席杜邦·德·勒尔、外交拉马丁、内政赖德律·洛兰、司法克雷米厄、公共工程马里、海军弗·阿拉戈、巴黎市长加尼埃以及 4 名秘书：马拉斯特、弗洛孔、路易·勃朗和阿尔贝。拉马丁对聚集在市政厅前的人民表示："我们将共同创作最美妙的诗篇。"①

（1）临时政府。临时政府的活动始于 2 月 24 日，止于 5

① 〔法〕皮埃尔·米盖尔著，桂裕芳、郭华榕等译：《法国史》，中国社会科学出版社 2010 年版，第 248 页。

月 10 日。临时政府于 24 日通过决议取消七月王朝的旧议会，废除原有君主立宪制中的立法权力机构，暂时将立法权掌握在自己的手中。它同时宣布将召开国民议会，即产生新的正式的立法权。根据 3 月 5 日的选举法，选举应以居民人口为基础，代表的总数共 900 人，包括阿尔及利亚和法属殖民地在内。4 月 23 日，选举产生了国民制宪议会，这是临时政府指导下依法选出的新的最高立法权力机构。

临时政府采取措施保证公民的政治自由权利。2 月 29 日法令宣布七月王朝统治时期的所有对于政治行为和新闻行为的判决予以取消，有关犯人立即释放。3 月 6 日法令宣布废除 1835 年 9 月 9 日法令，即废除新闻犯罪、重罪法院和保证金。3 月 9 日法令规定停止实行民事拘禁。这几项措施迅速地实现了共和制度下的自由和平等，简洁地展现了临时政府的政治特色。共和国离开自由和争论便无法生存，它必须保证公民的政治自由权利。

临时政府关注工人的命运，为保证其劳动权利，采取两项措施，即建立“国家工场”与“政府劳工委员会”。3 月 2 日，国家工场在巴黎开始建立，它逐渐会集了约 10 万工人。依据 2 月 28 日法令，临时政府又建立领导劳动的机构：考虑到人民进行的革命必须为了人民，结束劳动者长久而极不公正的苦难的时刻已经到来；劳动问题是临时政府最为关心的事情，并决议任命一个常设委员会，称之为“政府劳工委员会”。路易·勃朗任该委员会主席，阿尔贝为副手，地址设在卢森堡宫。国家工场是政府按军事形式组织起来的，它给失业者发了几天救济金，但并没有获得任何重大成就。

实际上，政府分为两派，一派是以拉马丁和阿拉戈为代表的资产阶级自由派，另一派是以路易·勃朗和阿尔贝为代表的社会主义派。社会主义派想通过一切手段立即实现社会民主。自由资产阶级则希望停留在人道主义的措施上，只实行政治民主。他们不希望社会秩序有重大的改变。

（2）制宪议会。1848 年 4 月 23 日制宪议会选举，产生 900 名代表，其中约 550 人为温和共和派，50 人属保守共和派，小资产者民主派或社会主义者近 100 人。拉马丁为首的温和共和派占优势，法卢和巴罗领导的保守共和派实际是君主派，赖德律·洛兰与路易·勃朗所代表的民主势力人数不多又因内部纷争而力量有限。制宪议会于 1848 年 5 月 4 日开幕，正式承认 2 月 24 日宣布的共和国是国家的治理形式。5 月 10 日，制宪议会宣布解散临时政府，取代它的是“行政委员会”，该委员会由制宪议会选举 5 名议员组成：阿拉戈、加尼埃·帕热斯、马里、拉马丁和赖德律·洛兰。

规范社会生活是制宪议会的任务之一，只有这样共和制度才能得到广泛的保证，其直接对应社会矛盾。3 月至 5 月间，工人失业、小资产者负债、左翼政治家遭到排挤，巴黎民众的不满情绪逐渐积累，若干极左翼人士对此大加煽动，于是引发了 5 月 15 日事件和 6 月 22 日起义。5 月 15 日十余万民众游行示威，人们闯入制宪议会提出要求：反对失业、建立劳动部、向富人征税、军队撤出巴黎。温和共和制处于危机之中。6 月 21 日，行政委员会解散国家工场，工人们自发地反抗。26 日起义失败，双方死亡约 1000 人，1.5 万多巴黎人被捕，其中 4000 人被流放到阿尔及利亚，巴黎仍受军事管制。

六月起义是对二月共和国的致命打击，工人不再承认这个强迫他们沉默的共和国了。工人们在2月是胜利者，在3月被棍棒痛打一阵，在6月遭到屠杀，今后他们将毫无抵抗地听任民主不可避免地演变为个人专权。至于农民，他们特别易于接受“秩序党”的宣传，这种宣传把巴黎的工人描绘成为渴望将土地和财产据为己有，和建立共产主义国家的“利益分享者”。农民愿用选票和劳动来支持以财产保护人的面目出现的任何维护秩序的政府。

（3）总统选举。1848年宪法生效后，制宪议会宣布12月10日举行共和国总统选举。此次总统选举共有6名候选人：夏尔·路易·拿破仑·波拿巴、代表共和派的卡维尼亚克与拉马丁、代表小资产者的赖德律·洛兰、代表工人的拉斯帕伊，与代表奥尔良派的尚加尼埃。第一共和国不曾设立总统一职，1848年的总统选举是法国历史上第一次总统选举。路易·波拿巴以5587759张选票当选。

1848年12月20日，制宪议会主席马拉斯特宣布路易·波拿巴当选共和国总统，任期至1852年5月的第二个星期日。总统于同日任命巴罗组建新政府，政府部长主要来自奥尔良王朝派，如巴罗（兼管司法）、帕西（财政）、马尔维尔（内政）、德鲁安·德·吕伊斯（外交）、莱昂·伏舍（公共工程）。只有毕克西奥（农业与商业）与温和共和派关系密切。正统派的法卢伯爵较有影响，他掌管公共教育和宗教。柳利埃（军事）与特拉西（海军）倾向右翼。1849年3月16日制宪议会召开最后一次会议，28日它宣告结束使命，让位给立法议会。温和共和派退离政治舞台的中心。

（4）立法议会。立法议会的存续时间为1849年5月28日至1851年12月2日。立法议会产生于普选，选举于1849年5月13—14日举行，选民们秘密投票直接选举议员。经选举产生的立法议会当中，保守共和派、亦称“秩序党”，约500人，民主派与社会主义派近200人，温和共和派70～100人。1849年5月28日，立法议会开幕，保守共和派开始控制共和政治机制。示威游行、集会结社、罢工、报刊言论等皆受到限制，甚至普选权也遭到废黜。对于立法议会权威的挑战于1849年6月在巴黎等地出现，罗马问题是导火线。1848年11月罗马爆发起义，立法议会于1849年5月28日命令法军进攻罗马共和国。6月11日，赖德律·洛兰等议员公开反对政府和立法议会干涉意大利政策，指责此举违反了宪法的第5条。立法议会对该指责进行表决：361人拒绝与203人赞同，反对干涉外国内政的活动遭到失败。6月12日，赖德律·洛兰等人宣布共和国总统与部长们不受宪法保护，于13日在巴黎组织数万人示威游行，参与者包括近200名左翼议员。巴罗政府动用军队驱散示威游行，立法议会宣布戒严、取消赖德律·洛兰等33人的议员资格，并将赖德律·洛兰缺席判处流放，另有若干人被判处流放或监禁。

立法议会迅速从6月13日事件中吸取教训，尤其关注该事件发生以前左翼报刊的鼓动作用。1849年6月19日，立法议会紧急通过关于俱乐部和集会的法律，对集会活动进行限制；此外，又于1849年7月27日通过新闻法，对报刊进行约束。1850年5月31日，立法议会进而废除普选法：“全体法国人凡年满21岁、享受公民权利和政治权利、此时在本市镇居住、在本市镇或本区拥有住房已满 3 年者”，方可拥有选举权。此项选举法以 433 票对 241 票通过，普选权遭到废除，大约 300 万人被剥夺选举权。

左翼被击败后，“秩序党”内部陷入分裂：正统派出于对奥尔良派的反感，甚至号召投奥尔良派的票；它不加区别地仇恨社会主义者、路易·菲利普统治时期的银行家和凡教权的公证人，希望恢复上帝的秩序。它最终归附秩序党，是为了期待符合自己复辟的愿望。二者未能就推出一位统一的候选人达成一致。正统派坚持让查理十世的继承人亨利五世、尚博尔伯爵当候选人，奥尔良派则打算推举儒安维尔亲王为下一届总统候选人。路易·拿破仑并没有坐以待毙，他改组了内阁，把奥尔良派的部长们逐出政府，而吸收了自己忠实的朋友鲁埃、比诺、阿希尔·富尔德。他巡视法国，在所有的城市，尤其是在工业区露面，力图获得这些地区的支持。他在农村市镇授勋，利用一切机会公开发表声明，重申他信任人民，信仰促进进步的社会秩序，而不是反动右翼的社会秩序。他主张强有力的行政权，因为只有这样才能结束分裂。他主张限制议会的权力，不放过任何机会贬低议会的威信。他声称宪法需要修改，尤其要通过公民投票征求人民的意见。

（5）走向政变。立法权在与行政权的较量中逐渐居于劣势。1850 年 5 月 31 日，立法议会通过投票表决，宣布废除普选权，从而将自己套上了绞索，相反路易·拿破仑则不断地在军队、工人和农民中扩大影响和争取支持。1851 年 11 月 4 日，路易·波拿巴向议会呈送一份总统咨文，坚持要求废除 1850 年 5 月 31 日的法令，即恢复普选权。其真正目的不是保卫公民权利，而是想使秩序党陷入被动，进而丧失民心，同时也为自己赢得好声誉，但是这位总统的提议遭到否决。1851 年 12 月 2 日，路易·波拿巴发动了军事政变，宣布解散立法议会、恢复普选权，于 12 月 14—21 日召集选民会议并对是否同意路易·波拿巴掌握权力进行全民公决。1851 年 12 月 21—22 日，法兰西就“法国人民想保持路易·波拿巴的政权，并授予他必要的权力以便在 12 月 2 日宣言的基础上制订一部宪法”举行全民公决，结果以 700 多万张赞成票、100 多万张弃权票和 60 多万张反对票使上述内容获得通过。波拿巴随后迅速组建了新内阁，1852 年 1 月 14 日经总统签字并于次日公布了新宪法。

在马克思看来，这场革命的模仿是不成功的：“就像一个刚学会一种新语言的人总是要把它翻译成本国语言一样；只有当他能够不必在心里把新语言翻译成本国语言，当他能够忘掉本国语言来运用新语言的时候，他才算领会了新语言的精神，才算是运用自如。”① 马克思在简略对比 1789 年革命和 1848 年革命以后，评价道：“资产阶级革命，例如 18 世纪的革命，总是突飞猛进，接连不断地取得胜利的；革命的戏剧效果一个胜似一个，人和事物好像是被五彩缤纷的火光所照耀，每天都充满极乐狂欢；然而这种革命为时短暂，很快就达到自己的顶点，而社会在还未学会清醒地领略其疾风暴雨时期的成果之前，一直是沉溺于长期的酒醉状态。相反，无产阶级革命，例如 19 世纪的革命，则经常自己批判自己，往往在前进中停下

① 马克思著，中央编译局译：《路易·波拿巴的雾月十八日》，人民出版社 2001 年版，第 9 页。

脚步，返回到仿佛已经完成的事情上去，以便重新开始把这些事情再做一遍；它十分无情地嘲笑自己的初次行动的不彻底性、弱点和拙劣；它把敌人打倒在地上，好像只是为了要让敌人从土地里汲取新的力量并且更加强壮地在它前面挺立起来；它在自己无限宏伟的目标面前，再三往后退却，一直到形成无路可退的情况为止。”①

① 马克思著，中央编译局译：《路易·波拿巴的雾月十八日》，人民出版社 2001 年版，第 12—13 页。

第三章

权力的游戏：法兰西阶级斗争

《雾月十八日》写于路易·波拿巴政变后不久。这部简短精悍的著作，对 1848 年 2 月 24 日到 1851 年 12 月 2 日期间的法国革命进行了讨论，马克思初次尝试使用历史唯物主义观点分析了亲身经历的这场重大事变。他以法国阶级斗争为主线，研究了法兰西第二共和国从诞生到覆灭的历史。正如马克思本人所说，在这部著作中，他力图证明“法国阶级斗争怎样造成了一种局势和条件，使得一个平庸可笑的人物有可能扮演了英雄的角色。”马克思以洋洋洒洒的笔触对各个政治派别的斗争进行了描写，他在历史和现实、理论与实践的对话中穿梭游弋，展现出透彻的洞察力和理解力。马克思对政党、阶级和国家复杂互动的分析，开创了政党社会学的研究路径。

在工业革命以后，资本与雇佣劳动的矛盾日益加深，从而造成了社会的撕裂，资产阶级社会的阶级冲突日趋激烈。作为一个抽象的概念，阶级指的是什么？又是如何产生的呢？1848 年革命之前，马克思在《哲学的贫困》中就写道：“经济条件首先把大批的居民变成劳动者。资本的统治为这批人创造了同等的地位和共同的利害关系。所以，这批人对资本说来已经形成一个阶级，但还不是自为的阶级。在斗争中，这批人联合起来，形成一个自为的阶级。他们所维护的利益变成阶级的利益。而阶级同阶级的斗争就是政治斗争。”① 由此可见，从形成一个阶级，从自为的阶级到自发的阶级，结成同盟捍卫阶级利益，进而开展阶级反对阶级的斗争有一个漫长的过程。

对自己做出的理论贡献，马克思曾在给魏德迈的信里写道：“无论是发现现代社会中有阶级存在或发现各阶级间的斗争，都不是我的功劳。在我以前很久，资产阶级历史编纂学家就已经叙述过阶级斗争的历史发展，资产阶级经济学家也已经对各个阶级作过经济上的分析。我所加上的新内容就是证明了下列几点：（1）阶级的存在仅仅同生产发展的一定历史阶段相联系；（2）阶级斗争必然导致无产阶级专政；（3）这个专政不过是达到消灭一切阶级和进入无阶级社会的过渡……”② 恩格斯指出：“唯物主义的方法在这里就往往只限于把政治冲突归结为由经济发展所造成的现有各社会阶级以及各阶级集团的利益的斗争，而把各个政党看做是这些阶级以及阶级集团的大体相应的政治表现。”

在这本著作中，阶级和政党斗争的多次交锋是贯穿全书的一条明线。马克思把这场革命和 1789 年的法国大革命进行了对比。他认为第一次法国革命中，革命是沿着上升的路线行进的。立宪派统治以后是吉伦特派的统治；吉伦特派统治以后是雅各宾派的统治。这些党派中的每一个党派，都是以更先进的

---

① 《马克思恩格斯文集》第 1 卷，人民出版社 2002 年版，第 654 页。
② 《马克思恩格斯文集》第 10 卷，人民出版社 1998 年版，第 106 页。

党派为依靠。而1848年革命的情形却相反，革命是沿着下降的路线行进的。按照阶级的革命性来说，无产阶级、小资产阶级民主派、资产阶级共和派、秩序党、波拿巴是逐次下降的，革命正是沿着阶级的革命性逐渐倒退的路线行进的。“每个党派都向后踢那挤着它向前的党派，并向前伏在挤着它后退的党派身上。”① 在全书的文本结构中，阶级斗争在党派政治上呈现出这种倒退的路线，因此，要理解《雾月十八日》，就要很好地理解这一幅革命的下行图。第一章研究了各个阶级的短暂联合，呈现出“普遍友爱的骗局”，最终在六月起义中，无产阶级惨遭其他阶级联合的排挤和镇压（1848年2月24日到6月25日）。第二章研究了六月起义以后资产阶级共和派在制宪国民议会统治和瓦解的历史（1848年6月25日到1849年5月28日）。第三章研究了小资产阶级民主派遭受失败的历史（1849年5月28日到6月13日）。第四章研究了秩序党实行议会专政、废除普选权、失去议会制内阁的历史（1849年6月13日到1850年5月31日）。第五章研究了秩序党失去军队控制权和行政权的历史（1850年5月31日到1851年4月11日）。第六章研究了秩序党的分裂，议会外资产阶级与议会内资产阶级的决裂，议会与行政权的公开决裂、波拿巴政变成功的历史（1851年4月11日到12月2日）。② 他以革命家的敏锐政治嗅觉，对无产阶级的失败，以及资产阶级各个派别的斗争进行了

① 马克思著，中央编译局译：《路易·波拿巴的雾月十八日》，人民出版社2001年版，第32页。

② 参见应星：《事件社会学脉络下的阶级政治与国家自主性：马克思〈路易·波拿巴的雾月十八日〉新释》，《社会学研究》2017年第2期。

深入而有见地的剖析，总结了诸多革命失败的教训和经验，而关于阶级斗争惊心动魄的描写占据了此书的最大篇幅。

一、巴黎无产阶级的失败

1848年革命爆发后，法国波旁王朝的长、幼系的两个王朝先后分崩离析。面对无主的政治舞台，工人阶级与统治阶级斗争空前激化，统治阶级各集团内部相互倾轧。在思想领域，各种流派的社会主义学说应运而生，同形形色色的资本主义、封建主义以及教权主义的观念和理论展开论战。在充满阶级矛盾、政见分歧的法国社会，展开了一幕幕政治大剧，最后以波拿巴的政变而收尾。而这场斗争的第一幕是以巴黎工人阶级被击败而终结的。

1. 革命前的社会主义运动与思潮

19世纪40年代，圣西门和傅里叶的空想社会主义学说在法国产生了深远的影响。在七月王朝时期，出现了路易·勃朗、皮埃尔·勒鲁、孔西德朗、拉斯拜尔、卡贝等一大批重要人物和理论家。从出身来看，这群社会主义者大多数属于有产者家庭。路易·勃朗是法国著名的圣西门主义者，他1811年10月29日生于西班牙马德里的一个法国贵族家庭。波旁复辟之后，勃朗回到法国，先后就读于罗得斯学院和巴黎大学，毕业后从事新闻工作，创办了《进步评论报》。1839年，他发表了主要著作《劳动组织》，并撰写了5卷本的《1830—1840年的十年历史》。《劳动组织》是勃朗空想社会主义的代表作，他在书中阐述了自己一系列的经济观点和改造社会的基本设想。他主张国家干预社会经济生活，批判自由竞争，谴责大资本家对小生产者和工人的剥削，并从小私有者的要求出发，制订社会改良方案，试图使劳动者成为生产资料和自己劳动产品的所有者。勃朗论述了资本主义自由竞争的危害性。他认为，劳动者处境极其贫困，经常失业，这就引起了叛乱、偷盗、卖淫等社会祸害。他说，对人民来说，竞争是一种毁灭性的制度，是拍卖劳动，迫使劳动者互相歼灭；另一方面，竞争又是使资产阶级崩溃的一个原因。由于竞争，富裕的资产者打倒了不太富裕的资产者，为了几个工业寡头的利益而毁灭资产阶级。竞争对无产阶级和资产阶级都没有好处，因此，他所制订的社会改良方案就是通过作为新型的社会生产组织的“社会工场”逐渐地更替私人工场，最终建立一个普遍经济平等和社会平等的理想社会。

社会主义者的著作在巴黎工厂工人中影响深远，《劳动组织》只一两个月就在工人中间销售了 6000 册，之后连续再版多次。工人们组成 10～20 人的小组，一起讨论社会主义者所阐述的各种方略。政府允许资产阶级举行宴会运动，但是，当巴黎印刷工人请求准许举行毫无政治性的宴会时，却遭到了拒绝。巴黎工人运动也在不声不响、秘密地、一步一步地进展着。恩格斯在《法国的改革运动》一文中观察到，巴黎工人从 1830 年的经验中懂得单靠武装斗争是不够的；在击溃敌人以后还必须采取措施来巩固自己的胜利，这些措施不仅要摧毁资本的政治力量而且还要摧毁它的社会力量，不仅要保证工人的政治力量而且还要保证他们的社会福利。因此，他们非常沉着地等待时机，但同时又认真地从事一些社会经济问题的研究，这些问题的解决会使他们知道只有采取哪些措施才能为一切人的幸福生活打下坚实的基础。①

马克思认为，路易·勃朗看到了资本主义社会的某些弊病，但是不了解这些弊病来自资本主义制度本身，于是只能从社会的倒退中去寻求解决问题的办法。因此，他的主张不但是空想的，而且是反动的。他在1848年法国二月革命后主持临时卢森堡委员会的实践就是他的理论破产的证明。在1848年革命后，马克思、恩格斯与他渐行渐远，1851年路易·勃朗流亡伦敦后，与维利希和沙佩尔联合在一起，马克思多次对他进行批评和嘲讽，以至于因“布朗基献词”事件公开决裂。

在七月王朝时期，另一派社会主义者是以布朗基和邦纳罗蒂代表的密谋派和革命派。布朗基派相信，通过暴力和少数人的密谋不仅可以建立共和国，而且可以建立一个社会的民主的共和国。法国革命家布朗基一生中有34年是在监狱中度过的，但他始终保持他对暴力革命和密谋学说的信仰。1831年，布朗基和“人民之友社”的部分同志被捕，在接受审判时，布朗基充分利用公开审判的机会，阐发了自己的革命思想和原则。1834年，他和巴尔贝斯、贝尔纳组织了“家庭社”。1837年又发展和建立了更加严密的革命组织“四季社”，到1838年形成了以布朗基、巴尔贝斯等为领导核心的大约有900名会员的组织，他们坚持成为职业革命家，以共和国的名义起誓，永远痛恨所有的国王、贵族和一切人类的压迫者。1839年，四季社在巴黎暴动，但很快就被政府镇压下去，22名主要的密谋领袖也被公开审判，布朗基及其追随者也被纷纷判刑。由此，密

① 参见《马克思恩格斯全集》第4卷，人民出版社1958年版，第401页。

谋活动开始让位于在君主立宪制下通过议会改革的温和方案。

2. 二月革命的胜利与临时政府党派分析

在派别纷争的焦灼状况下，巴黎工人举行了示威游行，在国际工人运动史上第一次提出了建立民主社会共和国的要求。在巴黎起义者的要求下，临时政府颁布了 2 月 25 日法令，承认劳动权，并建立了国家工场和卢森堡委员会，向失业工人提供救助，深入调查工人的工作和生活条件。布朗基等无产阶级革命家提出，“政府的形式改换是不够的，必须改变它的内容”“共和国就是解放工人，消灭剥削统治，建立把劳动从资本的保证下解放出来的新秩序”。马克思十分赞赏“社会共和国”的口号，他认为：“手持武器夺得了共和国的无产阶级，在共和国上面盖上了自己的印记，并把它宣布为社会共和国。这样就表露出了现代革命的总的内容”。[①] 他在《新莱茵报》上热情讴歌二月革命和六月起义，赞颂巴黎工人的英勇、团结、纪律和军事素养，认为这次革命是无产阶级反对资产阶级的革命，是劳动反对资本的战斗，是无产阶级捍卫自己的阶级利益而独立发动的，同过去一切革命有着原则上的区别。

在二月街垒战中产生的临时政府，按其构成成分必然反映出分享胜利果实的各个不同的党派。一切曾经促进二月革命取得胜利的分子——王朝反对派、共和资产阶级、民主共和派小资产阶级和社会民主派工人都在二月政府中临时取得了位置，但各个阶级暂时联合的“普遍友爱”、整个社会表面上的协调

① 马克思著，中央编译局译：《路易·波拿巴的雾月十八日》，人民出版社 2001 年版，第 15 页。

同社会各个成分间严重的彼此背离相混杂。它只能是各个不同阶级间妥协的产物，这些阶级曾共同推翻了七月王朝，但他们的利益是互相敌对的。临时政府中绝大多数是资产阶级的代表。代表共和派小资产阶级的是赖德律·洛兰和弗洛孔，代表共和派资产阶级的是《国民报》方面的人物，代表王朝反对派的是克雷米约、杜邦·德勒尔等。工人阶级只有两个代表：路易·勃朗和阿尔伯。巴黎工人在议会中的代表包括拉斯拜尔、巴尔贝斯、科西迪耶尔。

在二月革命中，路易·勃朗积极投身政治，他关心工人阶级的命运，他强调社会改革、工人的工作权利，并大力提倡政府应为工人提供工作和强制性的义务教育等。他主张成立专门的劳工部，在各个产业建立社会工场，主导了二月革命后的工人阶级运动，他主张的“劳动权”成为法国工人阶层的向往和期待。马克思指出，是无产阶级把共和国强加给临时政府，并通过临时政府强加给全法国，它就立刻作为一个独立的党登上了前台，但是同时也招致了整个资产阶级的法国来和它作斗争。在二月革命中，工人争得了资产阶级共和国，二月共和国被宣布为设有社会机构的共和国。工人马尔什迫使刚成立的临时政府颁布了一项法令，其中规定临时政府保证工人能以劳动维持生存，使全体公民都有工可做等等。当临时政府几天以后忘却了自己的诺言，并且好像心目中已经没有了无产阶级的时候，有两万工人群众向市政厅进发，大声高呼：组织劳动！成立专门的劳动部！临时政府经过长时间的辩论之后，勉强设立了一个专门常设委员会，负责探求改善工人阶级状况的办法，这个委员会由巴黎手工业行会的代表组成，由路易·勃朗和阿尔伯两人任主席。路易·勃朗在卢森堡宫主持召开了政府工人问题委员会；这个委员会是临时政府在工人要求成立劳动部的压力下于 1848 年 2 月 28 日成立的，主要作用是仲裁劳工和厂主的争执。把卢森堡宫拨给他做会使工人阶级的代表被逐出临时政府的所在地，临时政府中的资产阶级分子就把实际的国家政权和行政管理权完全掌握在自己手中了。

马克思对巴黎无产阶级的“组织劳动”、成立“专门的劳动部”等主张提出了批评，认为这些改革措施都没有触及核心问题。他写道：“组织劳动！但是雇佣劳动就是现存的资产阶级的组织劳动。没有雇佣劳动，就没有资本，就没有资产阶级，就没有资产阶级社会。专门的劳动部！但是，难道财政部、商业部和公共工程部不是资产阶级的劳动部吗？设在这些部旁边的无产阶级的劳动部，只能是一个软弱无力的部，只能是一个徒有善良愿望的部，只能是一个卢森堡宫委员会。”①

国家工厂是 1848 年二月革命结束后立即根据法国临时政府的指示建立起来的。但马克思认为，临时政府所建立的人民工厂与路易·勃朗在卢森堡宫所宣传的人民工厂是完全相反的计划，但临时政府自己暗地里散布谣言，说这些国家工厂是路易·勃朗的发明。建立国家工厂的目的主要是利用军事方式组织起来的国家工厂的工人来反对革命的无产阶级。但是，这个分裂工人阶级的挑拨性计划没有成功，而国家工厂的工人反而更加受到革命感情的熏陶。国家工厂成为了无产阶级反对资产

① 马克思著，中央编译局译：《1848 年至 1850 年的法兰西阶级斗争》，人民出版社 2014 年版，第 34 页。

阶级工业、反对资产阶级信用制和反对资产阶级共和国的具体表现。因此，资产阶级把自己的全部仇恨都倾注到这些国家工厂上。小资产者也认定这些已成为共同攻击对象的国家工厂是它们可以发泄自己的一切不满和烦恼的目标。他们咬牙切齿地盘算着，这班好吃懒做的工人该是消耗着多少金钱，而他们自己的境况确实一天比一天变得艰难了。装装样子的工作竟有国家年金可得，社会主义不过如此罢了！——他们这样嘟囔着说。他们认为自己生活穷困的原因就在于国家工厂，就在于卢森堡委员会的豪言壮语，就在于巴黎工人的示威游行。资产阶级政府就采取了一系列措施去取消国家工厂，减少工人人数，把他们派到外省去从事公共工程的工作。这些做法引起了巴黎工人的极大愤怒，成了巴黎六月起义的重要原因。起义被镇压后，卡芬雅克政府在 1848 年 7 月 3 日下令解散国家工厂。

马克思对巴黎工人的行动及其局限持同情的态度，他清楚地认识到法国的工人们难以触动资产阶级制度。“由巴黎工人创造出来的卢森堡宫委员会总算还有一个功劳，这就是它从欧洲的一个讲坛上泄露了 19 世纪革命的秘密：无产阶级的解放。”① 尤其是在路易·勃朗的影响下，不少工人主张阶级合作而不是阶级斗争，在想象中消灭了阶级的矛盾。在走向共和之后，巴黎无产阶级自欺欺人地认为，一切的保皇党人都变成了共和党人，巴黎所有百万富翁都变成了工人。这样和气地抛开阶级矛盾，这样温柔地调和对立的阶级利益，这样想入非非地

① 马克思著，中央编译局译：《1848 年至 1850 年的法兰西阶级斗争》，人民出版社 2014 年版，第 36 页。

超越阶级斗争，一句话，博爱——这就是二月革命的真正口号。支持纯粹出于误会才造成各阶级的分裂，巴黎无产阶级沉醉于宽大仁慈的博爱气氛中了。

6月23—26日爆发了无产阶级起义，这是无产阶级与资产阶级之间的第一次大搏斗，是欧洲各国内战史上最大的一次事变。资产阶级共和国获胜，其支持者包括金融贵族、工业资产阶级、中间等级、小资产者、军队、组成别动队的流氓无产阶级、知识分子、牧师和农村居民。而无产阶级方面只有它自己。六月起义的失败，表明欧洲的问题并非争论“君主国还是共和国”的问题，而是社会阶级的问题，资产阶级共和国意味着一个阶级对其他阶级实行无限制专制的统治。起义失败后，无产阶级退到革命舞台的后台去了。此后，唯有在其之上的某个社会阶层进入革命动荡时，无产阶级才与之结盟，从而分享了各个政党依次遭到的失败，革命劲头日益减弱，成效日益减小。“巴黎工人被敌人的优势力量镇压下去了，但是并没有向他们投降。工人被击溃了，但真正被打败的是他们的敌人。暴力取得暂时胜利的代价是：二月革命的一切幻想和空想的破产，一切旧共和政党的瓦解，法兰西民族分裂为两个民族即有产民族和工人民族。三色旗的共和国今后只有一种颜色，即战败者的颜色，血的颜色。它成了红色共和国。”①

法国工人阶级没有把资产阶级作为敌人，根本上来自于工业无产阶级的不发达，而工业无产阶级的发展是受工业资产阶级的发展制约的。“二月革命难道不是直接反对金融贵族的吗？

---

① 《马克思恩格斯全集》第5卷，人民出版社1958年版，第153页。

这一事实证明，工业资产阶级并没有统治法国。工业资产阶级的统治只有在现代工业已按本身需要改造了一切所有制关系的地方才有可能实现；而工业又只有在它已夺得世界市场的时候才能达到这样强大的地步，因为在本国的疆界内是不能满足其发展需要的。但是，法国的工业，甚至对于国内市场，也大都是依靠变相的禁止性关税制度才掌握得住。所以当革命发生时，法国无产阶级在巴黎拥有实际的力量和影响，足以推动它超出自己所拥有的手段去行事，而在法国其他地方，无产阶级只是集聚在一个个零散的工业中心，几乎完全消失在占压倒多数的农民和小资产阶级中间。”①

二、资产阶级共和派的统治和瓦解

资产阶级共和派又被马克思称为“纯粹的共和派”“三色旗共和派”。这个派别在七月王朝时期主要是《国民报》派，所以靠的是法国工业资产阶级和一部分自由主义知识分子。《国民报》是该派的机关报。在 1848 年 2 月 24 日成立的法兰西共和国临时政府中，《国民报》派的部分领导人进入了临时政府，代表人物主要包括马拉斯特、茹·巴斯蒂德和加尔涅·帕热斯、卡芬雅克等人。在马克思看来，六月起义之后的制宪国民议会的历史，是资产阶级共和派统治和瓦解的历史。

1. 纯粹共和派的意识形态：共和主义与民族主义

资产阶级共和派是以三色旗的共和党人、纯粹的共和党

① 马克思著，中央编译局译：《1848 年至 1850 年的法兰西阶级斗争》，人民出版社 2014 年版，第 35 页。

人、政治的共和党人、形式的共和党人等称呼闻名的。这个派别在路易·菲利普的资产阶级君主制度下是官方的共和主义反对派。议院中有它的代表，在报界它也有相当大的势力。“它并不是一个因有某些重大的共同利益而紧密团结、因有特殊生产条件而独树一帜的资产阶级集团。它是由一些抱有共和主义思想的资产者、作家、律师、军官和官吏组成的一个派系，这个派系之所以有影响，是由于全国对路易—菲利浦个人的反感，由于对旧的共和国的怀念，由于一群幻想家的共和主义信仰，而主要是由于法国人的民族主义。”①

在七月王朝时期，这个派别作为王朝的反对派，颇受尊敬。该派联合了以马拉斯特为首，以工业资产阶级和一部分同它有关系的自由派知识分子为支柱的温和的资产阶级共和主义者。主要以《国民报》为中心展开活动，1848—1849 年革命时期聚集在该报周围的有马拉斯特、加尔涅·帕斯热、杜邦·德·勒尔以及卡芬雅克等资产阶级共和党人。他们自 1830 年开始就利用报纸展开共和宣传，反对君主专制，目的是通过舆论压力，推动政府进行社会改革。1830 年七月革命时，共和派的力量发挥了重要的作用。共和派的活动与工人起义、学生及手工业者的游行示威、街垒战结合在一起，成为七月王朝的心腹大患。为此，奥尔良王朝对共和派采取了一系列限制措施：1834 年议会通过法令对共和派的报刊进行了限制，甚至禁止 20 人以上的任何俱乐部，又通过了专门对付“政治叛乱”

① 马克思著，中央编译局译：《路易·波拿巴的雾月十八日》，人民出版社 2001 年版，第 19 页。

的九月法令，并宣布取缔共和主义一词。共和主义运动被迫转入地下，直到 1834 年之后，共和运动才重新走向高涨，并以 1848 年二月革命的胜利与共和制的重建而告一段落。

在政治上，《国民报》派宣扬共和主义，要求把资产阶级的统治形式由君主国改为共和国，他们自认为是 1789 年后共和传统的继承者。他们赞扬主权在民的原则并争取更广泛的选举权，热情地将理想寄托于议会制度的改革上，坚定地站在奥尔良王朝的对立面，在各种俱乐部和反对政府的激进报纸中宣传共和主义政见，推动共和主义向纵深发展。他们把 1789 年革命中的传统的象征符号作为自己的标志，以蓝、白、红三色所组成的图案为象征（三色旗、三色徽、三色绶带），白色代表着波旁王朝，而蓝色红色则是传统的巴黎城徽的标志。1840 年，以《国民报》等报纸为主的近 30 家地方报纸，联合发起签名请愿运动，为此征集到了 18.8 万名要求改革选举制度的签名者。这一派别相对于赖德律·洛兰为首的《改革报》派比较温和。在反对封建和君主制的问题上，他们主张：废除任何形式的王权，正统王朝、波拿巴王朝与摄政皆包括在内。尽管纯粹共和派支持奥尔良公爵夫人摄政，但是总体上对君主制持极端怀疑态度。

纯粹共和派的另一个主要特点是民族主义。纯粹共和派点燃了民族的激情，主要的政策主张是保护法国关税制度，反对维也纳条约和英国联盟。“这种民族主义对于维也纳条约和对于同英国联盟的憎恶，这个派别是始终予以鼓励的。在路易—菲利浦的统治下，《国民报》派的很大一部分拥护者都是因为它鼓吹这种隐蔽的帝制思想而获得的。”[①] 工业资产阶级感激《国民报》是因为它奴颜婢膝地拥护法国的关税保护制度，而它维护这个制度又多半是出于民族的动机，而不是出于国民经济学的动机。纯粹共和党人的代表卡芬雅克出生于 1802 年，是职业军人，长期被派往阿尔及利亚驻守。在临时政府担任陆军部长。在六月起义之后，卡芬雅克对巴黎工人采取了残酷镇压的手段。6 月 28 日，卡芬雅克被制宪议会批准为执政府的专政者，从而压制了叛乱。专政统治一直持续到 12 月 10 日的总统选举。他后来在大选中败给了路易·波拿巴，又被路易·波拿巴在发动政变后逮捕，经过短暂监禁后被释放。

在七月王朝早期，资产阶级共和派曾和共产主义和社会主义者相结合，甚至共同开展了许多反对奥尔良王朝的秘密活动。但是，在 30 年代的政治斗争失败后，他们开始转向通过合法的斗争取得政权的道路，并与共产主义和社会主义者渐行渐远，其标志事件就是路易·菲利普统治末期的改革运动的宴会上，《国民报》派与《改革报》派之间的互相攻讦和决裂。《国民报》派在民主派小资产者中间，特别是在革命无产阶级中间是不受欢迎的。马克思对这个派别无甚好感，他和恩格斯很早就对《国民报》派进行了批评，而对《改革报》派则采取支持态度。他们认为，《国民报》派反对共产主义，提出了改善工人状况的计划：邮政改革、财政改革、奢侈品税、国家礼助金、废除入市税、自由竞争，这些计划都对工人阶级是一种

---

① 马克思著，中央编译局译：《路易·波拿巴的雾月十八日》，人民出版社 2001 年版，第 19 页。

小修小补。马克思和恩格斯在《新莱茵报》上就提醒读者注意《国民报》派的阴谋，这个阴谋的体现者是马拉斯特。并且指出：马拉斯特的专政会导致梯也尔的专政。恩格斯在给布兰克的信中写道，“《国民报》派，即马拉斯特及其同伙，在其他方面表现也很坏。他们生活优裕，并为自己的朋友搞宫殿、弄肥缺。《改革报》派则完全不同。我到过老弗洛孔家里一两次。这个人和过去一样住在一所低劣的住宅的五楼，用一个旧的陶制烟斗吸一般的次烟，只是买了一件新睡衣。他的生活方式仍然像他担任《改革报》编辑时那样，是共和派式的；他还是那样亲切、诚恳和坦率。他是我所认识的人当中最正直的一个。”①

在路易·菲利普时期，马拉斯特和卡芬雅克等人就与赖德律·洛兰等激进共和派产生了分歧。他们代表了当时多数共和主义者的看法，主张以改革选举制度、完善议会制度和发展教育等措施逐步推动社会的发展。1830 年 7 月，以卡芬雅克为首的共和派组织了“人民之友社”，他们在一份宣言中提倡“社会应当保护下层人民和利益，并负责改善他们的物质和精神状况”。1830 年，人民之友社出版了一份小册子，提出“七月王朝是手工工场的工人们奋斗的成果，因而他们完全有理由在新政府下得到政治和经济利益”。他们认为，由政府提供的资本而建立的工人协会可以消除无法预见的经济衰退和资本主义发展过程中自相残杀似的竞争，从而解决工人失业和贫困的问题。由此可以看到，纯粹共和派虽然也关注社会问题，但是他

① 《马克思恩格斯全集》第 27 卷，人民出版社 1972 年版，第 503 页。

们都带着某种人道主义和慈悲济世的色彩，主张从共和主义政治框架和资本主义的社会基础上寻找解决的办法。

2. 资产阶级共和派独占的历史

《国民报》派要求把资产阶级的统治形式由君主国改为共和国，首先是要求保证自己能在这个统治中占优势。1848 年 6 月 24 日起存在到 12 月 10 日止，是资产阶级共和派的独占时期。1848 年 6 月，纯粹共和派领导下的执行委员会对六月起义进行了血腥镇压。《国民报》派解散了执行委员会，清除了其最切近的对手民主主义的共和党人。资产阶级共和派的将军卡芬雅克获得独裁权力，取代执行委员会，议会常任议长、政府各部部长及其他一切重要职位都由《国民报》派所占据。

（1）拟定共和主义宪法。1848 年宪法是 1830 年宪章的共和主义化的版本。七月王朝过高的选举资格限制把大部分资产阶级排挤在政治统治之外，这与资产阶级共和国的存在不相容。二月革命宣布普选权，1848 年宪法认可了这一点，但补充了一个限制条款，规定选民须在选区居住 6 个月。宪法保障自由神圣不可侵犯，包括人身、新闻出版、言论、集会、教育和宗教等自由；每一种自由都被宣布为法国公民的绝对权利，但总是加上一个附带条件，即它只有在不受“他人的同等权利和公共安全”或“法律”限制时才是无限制的，法律的意义即在于使个人自由之间不致相互抵触、也同公共安全协调起来。然而，对这些自由加以调整的结果是宪法的每一条本身都包含有自己的对立面，在一般词句中标榜自由，在附带条件中废除自由；资产阶级可以不受其他阶级的同等权利的任何妨碍而享受这些自由，却禁止“他人”享受这些自由或只能在某些条件下享受，所谓保证“公共安全”也就是为了保证资产阶级的安全。

此外，1848 年宪法在如何处理行政权与立法权关系的问题上同样存在缺陷。国民议会由普选产生，共 750 名代表，可连选连任，它不受监督、不可解散、不可分割，拥有无限的立法权，因不间断地召集会议而站在舞台的中央。总统则具有王权的一切特性，可不经国民议会而任免自己的内阁阁员，掌握行政权一切手段，统率一切军事力量，操纵各级官吏、各级军官的命运。根据宪法规定，国民议会可以用合乎宪法的办法排除总统，而总统要排除国民议会却只能用违背宪法的办法。但与此同时，宪法又把实际权力授给了总统，而力求为国民议会保证精神上的权力。但国民议会似乎连精神上的权力也无法得到保障。在民选的国民议会当中，全法国的选票是分散在 750 名议员之间，但总统的选票则集中在一个人之上；民选的国民议会和国民只有形而上学的联系，而民选的总统却和国民发生个人联系，国民议会的确通过各个代表反映着国民精神的多种多样的方面，而总统却是国民精神的化身，是人民恩赐的统治者，选举总统是行使主权的人民每四年运用一次的王牌。

（2）宣布巴黎戒严。当资产阶级共和派忙于在国民议会中讨论并制订宪法时，资产阶级共和派的将军卡芬雅克则在议会外宣布巴黎戒严，就这个意义而言，1848 年宪法是在刺刀的保护下诞生的。资产阶级共和派以拯救社会为名实施戒严，即依凭军事力量监护社会，事实上是为了维护自身的统治侵害了无产阶级和民主派小资产者的利益，也因此侵害了社会，并最终威胁到自身的统治：资产阶级共和派宣布戒严实而创设了

1851 年 12 月 2 日的近卫军，亦即支持波拿巴政变的军队的温床，使得 1848 年宪法最终又为刺刀所葬送。

3. 资产阶级共和派灭亡的历史

1848 年 12 月 10 日，路易·波拿巴当选为总统，结束了卡芬雅克专政。支持波拿巴当选总统的社会力量包括农民、军队、大资产阶级，甚而得到无产者和小资产者的巨大同情，他们把波拿巴上台视作对卡芬雅克的惩罚。从 1848 年 12 月 20 日到 1849 年 5 月，是制宪议会解散与资产阶级共和派灭亡的历史。继资产阶级共和派将革命无产阶级、民主派小资产阶级赶下台后，资产阶级共和派自身也被资产阶级保皇派所排斥。纯粹的共和派曾残暴地滥用武力对付人民，而当需要对抗保皇派以捍卫他们自己的共和主义时，他们却软弱无力地放弃了斗争。

保皇派主要由两部分组成，一部分即大土地所有者，曾在复辟时期居于统治地位，因而是正统派；另一部分即金融贵族和大工业家，曾在七月王朝时居于统治地位，因而是奥尔良派。正统派和奥尔良派把资产阶级共和国当作它们能够共同进行统治的国家形式，六月起义已把他们联合为“秩序党”。波拿巴就任总统后立即组织了以奥迪隆·巴罗为首的秩序党内阁。

在最早打击社会主义者之时，秩序党人内还伪装为共和派。例如，秩序党人的领袖人物之一梯也尔也把自己叫作共和派，声称自己是真正的、温和的共和派。在进入议会后，他一方面和有影响的共和派接近；另一方面又参加普瓦提埃大街委员会，他纵横捭阖，成为该联盟中各派别联系的环节。该联盟采取的策略是，口头上支持共和国，实际上攻击和摧毁政府所做的一切，对共和派及其政府的工作进行干扰，把他们的无能暴露在国人面前，到那时君主派再利用适当时机取而代之。[①] 梯也尔向有产者宣传，说政府对私有财产没有提供足够的保护措施，资产阶级应该在政府之外寻求保护和支柱。梯也尔对经济理论不甚了了，然而却亲自动笔，写作了一本小册子《论财产》，书的结尾号召“要把社会事业置于宗教的卵翼之下”。这本小册子唤起了有产者的恐惧，起来反对共和派和卡芬雅克政府。

联合的保皇党人对制宪议会中的共和派发动了攻击。马克思在六月起义后，很早就注意到王朝反对派在有意识地排挤国民报派。代表卡诺担任部长在国民议会引起了风波。国民议会主席的职位是由马拉斯和和梯也尔在互利的基础上磋商决定的。王朝反对派起草的法律中有一项关于市政委员会的法律，这项法律是直接反对巴黎市长马拉斯特和他的独裁的。巴罗内阁与秩序党进而在全国兴起向国民议会请愿的运动，请求国民议会的隐退，他们从诉诸议会转而诉诸民众，把无组织的人民群众引入反对国民议会、反对依照宪法组织起来的民意表现的斗争。

1849 年 1 月 29 日，总揽国民自卫军和正规军指挥大权的秩序党将军尚加尔涅在巴黎举行了大规模的阅兵，保皇党人以暴力作为威胁，迫使国民议会顺从。此后，巴罗内阁和秩序党

---

① 参见孙娴：《法兰西第二共和国历史》，社会科学文献出版社 1995 年版，第 150 页。

就不放过任何机会来贬低共和派，致使资产阶级共和派根本无法调动军队。例如，制宪议会议长马拉斯特怀疑国民议会的安全，根据宪法责令一个上校率领所部开来保卫国民议会时，那个上校却以军纪为借口拒绝调动，并建议马拉斯特去跟尚加尔涅交涉，但尚加尔涅也拒绝了马拉斯特的要求。

此外，为了扩大宗教的影响，君主派尤其是教权派，猛攻世俗教育，为宗教教育夺取阵地。教权派的代表蒙塔朗贝尔提出，社会不仅受到共产主义而且也受到社会主义威胁，社会利益要求宣传宗教教育，因为教会的教育可以概括为两个词：克制和尊敬：对，这两个词概括了它的社会和政治行为。其目的就是就是教育百姓不要反叛，尊重秩序、财产和家庭。甚至保皇党人中的反教权主义者也争取宗教界的支持。

马克思认为，这些共和派对群众镇压后就失势了。他们已经完成了自己的任务；尽管他们还被允许在反对无产阶级的共同斗争中支持秩序党，但同时他们却被逐出政府，不得不退至后排，而且只是受到“宽容”而已。这时候，联合起来的保皇派资产者变成了共和国之父，秩序党的真正统治开始了。这些纯粹的共和派曾经极其残暴地滥用武力对付人民，而现在，当需要捍卫他们自己的共和主义和自己的立法权力以对抗行政权力和保皇党人时，他们却极其怯懦地、畏缩地、沮丧地、软弱无力地放弃了斗争。马克思嘲讽道：“我用不着在这里叙述他们解体的可耻历史。他们不是灭亡了，而是无形消失了。他们已经最终演完了自己的角色。在往后的时期中，不论在议会内或议会外，他们都仅仅表现为对过去的回忆，只要涉及共和国的名称，只要革命冲突有下降到最低水平的危险，这些回忆便又复活起来。顺便指出，把自己的名称交给这个派别的《国民报》，在后来一个时期就转到社会主义方面去了。”① 罹难的纯粹的共和派在立法国民议会中只剩下一个以非洲的将军卡芬雅克、拉莫里西埃和贝多为首的、大约 50 人组成的集团。1849 年 5 月 13 日，准备代替制宪议会的立法议会进行选举。

三、社会民主派的失败

在纯粹的共和派斗争失败后，社会民主派成为了国民议会中最大的反对党。这个派别把自己称为山岳党，以此表明是 1793—1795 年法国国民公会中的山岳派思想的继承人。他们主要是法国制宪议会和立法议会中集合在《改革报》周围的小资产阶级民主主义者和社会主义者，其领袖人物为赖德律·洛兰、皮阿等人。此后，以路易·勃朗为首的小资产阶级社会主义者也加入了这一派。②

1. 社会民主派的意识形态：民主主义

在七月王朝时期，社会民主派主要以《改革报》（La Réforme）派为中心宣传自己的政治主张，开展反对基佐政府的活动。该报创办于 1843 年 7 月 29 日，其创办人是赖德律·洛兰，主编是费迪南德·弗洛孔，主要代表了法国共和派左翼

---

① 马克思著，中央编译局译：《路易·波拿巴的雾月十八日》，人民出版社 2001 年版，第 27—28 页。

② 从 1793 年到 1795 年，山岳派主要是法国资产阶级革命中代表中小资产阶级利益的革命民主派，因在国民公会开会时坐在大厅左侧的最高处而得名，代表人物有罗伯斯庇尔、马拉、丹东等。其成员大都参加了雅各宾俱乐部。在 1792 年 10 月，代表大工业资产阶级利益的吉伦特派退出雅各宾俱乐部后，山岳派实际上成为了雅各宾派的同义语。参见马克思著，中央编译局译：《路易·波拿巴的雾月十八日》，人民出版社 2001 年版，第 119 页。

人士的观点。为该报撰写稿件的还有法国政治活动家埃蒂安纳·阿拉戈、强硬的共和党人戈弗雷·卡芬雅克、法国空想社会主义者路易·勃朗和皮埃尔·勒鲁、法国社会主义者和政治家费利克斯·皮阿、主张废除君主制的山岳党人维克多·舍尔歇、法国经济学家皮埃尔·蒲鲁东、俄国革命家米哈伊尔·巴枯宁等著名人士。其主要成员是没有获得选举权的小作坊主、小店员、小商人、小手工业者和小资产阶级知识分子。他们主张进行社会经济改革，结束奥尔良王朝的君主统治，实行普选，建立共和国。

《改革报》作为左翼共和党人的机关报，在早期较好地捍卫了工人阶级的利益，因此一直被恩格斯视为盟友。马克思和恩格斯对《改革报》派有较好的关系。恩格斯是该报的积极撰稿人。1847 年 10 月 25 日，恩格斯在巴黎代表马克思分别会见了路易·勃朗和《改革报》主编弗洛孔，勃朗答应为马克思的著作《贫困的哲学》在《改革报》上发表书评，还向该报推荐了马克思 9 月中旬写的关于保护关税、自由贸易和工人阶级的演说稿。1848 年 3 月，马克思在该报发表《给〈改革报〉编辑信》《外国人在布鲁塞尔所受的迫害》两篇文章，揭露比利时政府对他全家和外国人的迫害及其行为的政治实质。恩格斯经常在《改革报》发表文章，并且他们还与《改革报》派的部分成员有较好的私交："我到过老弗洛孔家里一两次。这个人和过去一样住在一所低劣的住宅的五楼，用一个旧的陶制烟斗吸一般的次烟，只是买了一件新睡衣。他的生活方式仍然象他担任《改革报》编辑时那样，是共和派式的；他还是那样亲切、诚恳和坦率。他是我所认识的人当中最正直的一个。”① 恩格斯与《改革报》编辑部约定，向该报提供有关英国、德国情况以及宪章运动的文章。10 月 26 日，《改革报》一字未改地发表了恩格斯关于英国商业危机的文章，此后，恩格斯不断为它撰稿，直至 1848 年 1 月。

恩格斯评价《改革报》说：“它们捍卫的原则比起法国人迄今所熟悉并部分地传播到国外的那种共产主义，倒更接近于我们所捍卫的共产主义。”“‘改革报’保住了法国民主派作为一个独立的党派所具有的荣誉、独立性和力量。它捍卫了处于‘国民报’奉行的那种政策威胁之下的革命原则。它奋起捍卫工人阶级的权利，使其不受资产阶级的侵犯。它撕破了这些资产阶级激进派的假面具，这些人企图使人民相信阶级压迫是不存在的；他们不愿意承认现代社会中残酷的内战，即阶级对阶级的战争；工人从他们那里所能得到的只是一些空话而已。‘改革报’一直没有停止斗争，最后终于迫使骄傲的敌手打破沉寂，迫使它动摇，使它不得不背弃自己讲过的话，做出解释，乃至终于不得不退却。我们认为‘改革报’对民主事业做了很好的贡献。”②

在宴会运动中，《改革报》派与《国民报》派发生了激烈的争执和较量。在驳斥《国民报》反对共产主义的言论以及对工人阶级的忽视态度时，《改革报》发表了如下声明：“共产主义者在经济方面的建议，对我们说来，比那无条件地接受现代

① 《马克思恩格斯全集》第 27 卷，人民出版社 1972 年版，第 503 页。
② 《马克思恩格斯全集》第 4 卷，人民出版社 1958 年版，第 422、437 页。

资产阶级政治经济学原则的‘国民报’的建议要接近得多。我们今后仍然要保护共产主义者，使他们不受警察和‘国民报’的迫害，因为我们承认他们至少有权自由辩论，因为工人自己的学说永远值得注意。”恩格斯在《法国的改革运动》中也对该派赞誉有加，他说：“在巴黎所有的日报当中，只有一家报纸除普选权而外什么也不能使它满足，它不是把‘共和国’这个词简单地了解为到头来仍使工人阶级象今天一样受穷的政治改革，而是把它理解为社会改革，并且是毫不含糊的社会改革。这家报纸就是‘改革报’。”①

该报的创办人赖德律·洛兰（Ledru-Rollin）于 1807 年 2 月在巴黎出生。在七月王朝时期，他曾担任政治案件的辩护律师，并积极投身法国新闻和时政报道，支持宴会运动和选举改革。在二月革命后，他在临时政府担任内政部长。然而，赖德律·洛兰和拉马丁逐渐背叛了巴黎无产阶级。1848 年六月起义后，6 月 23 日，巴黎 4 万工人因政府关闭“国家工场”而发动起义，《改革报》在法国六月起义时表现了其革命的动摇性。马克思指出：“没有一个著名的共和主义者（无论是‘国民报’派的或‘改革报’派的）站在人民方面!”② 赖德律作为社会主义候选人参加了总统大选，他发表反对卡芬雅克的演说，责备卡芬雅克反对革命的行动不够坚决，未能多派几个营去反对工人。这篇演说彻底打消了工人对赖德律·洛兰的任何信任。最后工人们给赖德律·洛兰投了不信任票，同时给整个激进小资

① 《马克思恩格斯全集》第 4 卷，人民出版社 1958 年版，第 421、400 页。

② 《马克思恩格斯全集》第 5 卷，人民出版社 1958 年版，第 153 页。

产阶级投了不信任票。赖德律最终获得 370000 票，在选举上败给了路易·波拿巴。

1849 年 2 月，在赖德律·洛兰的联合下，激进共和派和社会主义各派举行了和解宴会。领袖们结成了联盟，制定了共同纲领，设立了共同的选举委员会——社会主义民主委员会，并提出了共同的候选人。社会民主委员会在巴黎所有街区，都成立了选举联盟，并提出了 6 条纲领："1. 共和国高于多数人的权力；2. 如果宪法遭到侵犯，定为反抗的榜样；3. 法国应援助被压迫民族，法国如使用武力反对他国人民的自由，就是违背宪法，是犯罪；4. 承认劳动权，劳动权是生存权，资本权是一切暴政中最残酷的暴政。劳动权是战胜资本暴政的手段；5. 对儿童实行全面的、免费的、义务教育；6. 收回复辟王朝时期补偿给流亡贵族的 10 亿法郎。"① 除了社会主义民主委员会的纲领以外，1849 年 4 月 6 日《改革报》还公布了一份致选民的宣言，由制宪议会中 55 名左翼代表签署。在宣言中提出纲领性的要求：要求直接普选，行政权服从于立法权并可以撤换，改革行政、司法和刑事，废除体罚，实行大赦，对一切公职实行选举制，思想、出版自由，对日用必需品实行免税，改革土地税和营业税，对一切动产、不动产、纯收入征收按比例的雷金水，偿还 45 生丁税，铁路、矿山、运河、保险由国家经营，减低高薪、增加低薪、奖励工农业，实现教育权和劳动权。宣言把财产和劳动权联系起来，不主张破坏财产，但要对它进行改造，使财产由特权变为一种权利。宣言认为秩序不是

① 孙娴：《法兰西第二共和国史》，社会科学文献出版社 1995 年版，第 175 页。

一种原则，而是自由、平等、博爱三原则的结果，真正的、持久的秩序只有通过正义和满足才能实现，只有通过自由，才会有公共秩序。

马克思注意到，经过六月起义，无产阶级的社会要求已被磨掉革命的锋芒，从而发生了民主主义的转折，小资产阶级的民主主义要求则丢掉了纯政治的形式而显露出社会主义的锋芒。这样就产生了社会民主派。由这种联合产生出来的新山岳党所包含的成员，除了几个工人阶级出身的配角和几个社会主义的宗派分子，还是和旧山岳党所包含的成员一样，不过是人数多点罢了。社会民主派的主要特点是民主主义，“它要求把民主共和制度作为手段并不是为了消灭两级——资本和雇佣劳动，而是为了缓和资本和雇佣劳动之间的对抗并使之变得协调起来。无论它提出什么办法来达到这个目标，无论这个目标本身涂上的革命颜色是淡还是浓，其内容始终是一样的：以民主主义的方法来改造社会，但是这种改造始终不超出小资产阶级的范围。只要谋求缓和资本与雇佣劳动之间的对抗，以民主主义的方法来改造社会的，都属于小资产阶级民主派。而这样的人群在当时的法国巴黎是为数众多的。”① 由此可以看出，社会民主派在六月起义以后已经放弃了革命的努力，离马克思和恩格斯曾经支持的进步政党已经相去甚远了，从激进的政治改革转向了温和的社会改革，而在很多方面与右翼秩序党人提出的“财产、秩序、宗教、家庭”进行了妥协。

---

① 应星：《事件社会学脉络下的阶级政治与国家自主性：马克思〈路易·波拿巴的雾月十八日〉新释》，《社会学研究》2017 年第 2 期。

社会民主派在很多方面都大大退缩。例如，关于普选权，社会民主派在涉及普遍选举时指出，法国人民虽已不再是国王的臣民，但仍为无知和贫困所奴役，处于这种状态的人民很难说是自由的、有主权的。如不摆脱这种状态，即便争得了普选权也无济于事，因为普选的结果仍然会违背人民自身的利益。因此，必须通过劳动和教育给他们以幸福和启蒙。人人都应享有受教育权，人们只有在受到启蒙以后，才能成为真正自由的，只有到那时，革命才会结束，秩序才能开始。从以上分析可以明显地看出，山岳党人已经抛弃了二月革命以来提出的许多激进社会改革措施。毫无疑问，在马克思看来，这种妥协也体现了在革命立场上的步步退缩，这与社会民主派的阶级基础有很大关系。马克思认为，“使他们成为小资产者代表人物的是下面这样一种情况：他们的思想不能越出小资产者的生活越不出的界限，因此他们在理论上得出的任务和解决办法，也就是小资产者的物质利益和社会地位在实际生活上引导他们得出的任务和解决办法。一般说来，一个阶级的政治代表和著作代表同他们所代表的阶级之间的关系，就是这样。”马克思主义看到这一派别的动摇性和怯懦性：“民主派在宪制斗争时期曾满怀革命的激情，当现在应该拿起武器来证明自己的选举胜利的重大意义的时候，他们却以宪制精神鼓吹秩序，宣扬庄严的宁静和合法行为，也就是盲目地服从自封为法律的反革命势力的一支。民主派领袖们在 3 月和 4 月间曾竭力把巴黎人民拖入虚构的斗争，而他们在 5 月 8 日以后又竭力阻止巴黎人民进行实际的斗争”。马克思把社会民主派虚妄的激情、怯懦的本性寥寥数笔就勾勒出来了。[①]

2. 社会民主党的阶级分析：小资产者和农民的联合

在 1849 年 5 月 13 日的立法选举中，社会民主党获得出乎意料的成功。虽然参加投票的人数只有 60%，群众参加普选的意愿有所下降。但是，社会民主派赢得了将近 25%的选票。立法议会应选 750 名代表，选举结果当选了 713 名。秩序党获得多数席位，约有 500 人当选。正统派约 200 个代表，其首领为贝利耶和法卢。奥尔良派约有 200 人代表，首领为梯也尔、莫莱、保守的天主教派约占 30 个席位，首领是蒙塔朗贝尔。波拿巴派约有 50 多名代表，主要代表是奥普尔等人。而社会民主派大约得到 180 个席位。尤其是巴黎和中南部地区，社会民主派胜率很高。巴黎选出 28 名代表，10 名就是社会民主派。他们的胜利令秩序党人十分担忧。一名正统派人士说："我们很快也要想象，我们如何保卫自己不受社会主义和共产主义侵犯，上帝保佑我们。"曾是 1848 年 4 月的胜利者的资产阶级共和派成了败北者，只获得了 75 个席位，其首领拉马丁、阿拉戈都没有当选。

投票支持山岳党人的大多数是农民和士兵。他们一改过去只注意做城市工厂工人工作的倾向，深入农村进行宣传，出版了许多适合农民阅读的小册子。比如，皮阿在《为法国农民干杯》的小册子中，提出偿还 45 生丁税，制定狩猎章程，组织信贷，废除高利贷等主张，这本小册子销售 100 万份，在法国

---

① 应星：《事件社会学脉络下的阶级政治与国家自主性：马克思〈路易·波拿巴的雾月十八日〉新释》，《社会学研究》2017 年第 2 期。

中南部产生了很好的宣传效果。有的省份被社会民主派征服了，尤其是农村中的小学教师，受到了社会民主派的深刻影响。同时，社会民主派的力量也逐渐向军队渗透，军队中的下级军官对二月革命的流产甚为不满，许多人成为社会民主力量的积极支持者。在斯特拉斯堡的国民自卫军中有人高喊："山岳党万岁！"还有3名士兵被列入社会民主党竞选人的名单。巴黎卫戍部队的士兵左倾明显，他们投票支持赖德律·洛兰等左翼票数的人比投卡芬雅克、拉莫里西埃票的多1倍，结果整个卫戍部队都被撤换掉。在六月起义一年之后，工人和小资产阶级之间、城市工人和农村工人之间出现了相互和解的气氛，使得社会民主派获得了较大的胜利。[①] 正如马克思所看到，这主要是因为"农民所处的地位与小资产者大致相同，他们的社会要求也大致一样。所以，社会的一切中间阶层既然被卷入革命运动，就必定要把赖德律—洛兰视为他们的英雄。"

在法国的改革力量中，自由派和民主派的大部分成员都是有产阶级，占据着优势。在实行议会普选制的前提下，社会民主派有着广泛的群众基础，一般认为民主派多为小店主、小商人、小手工作坊主之类的人，但马克思敏锐地指出并不仅限于此："然而也不应该狭隘地认为，似乎小资产阶级原则上只是力求实现其自私的阶级利益。相反，它相信，保证它自身获得解放的那些特殊条件，同时也就是惟一能使现代社会得到挽救并使阶级斗争消除的一般条件。同样，也不应该认为，所有的民主派代表人物都是小店主或崇拜小店主的人。按照他们所受

① 参见孙娴：《法兰西第二共和国史》，社会科学文献出版社1995年版，第177页。

的教育和个人的地位来说，他们可能和小店主相隔天壤。”[1] 但即便如此，他们在理论上得出的解决方法与小资产者的物质利益和社会地位在实际生活上引导他们得出的解决方法是一致的，即只要谋求缓和资本与雇佣劳动之间的对抗，以民主主义方法来改造社会的，都属于小资产阶级民主派。而这样的人群在法国尤其是在巴黎是为数众多的。恩格斯在“工人阶级与总统选举”也指出，早在二月革命之前，社会民主党就是由两个不同的派别构成的：第一个派别包括演说家、议员、作家、律师等以及相当数量的追随他们的小资产阶级群众，《改革报》派正是由他们组成的；第二个派别是由巴黎的工人群众构成的，他们绝不是前者的无条件的追随者，相反，他们是对前者疑心极重的同盟者，他们根据《改革报》派活动家是提出比较坚决的主张还是采取比较动摇的立场，时而比较紧密地靠近《改革报》派，时而又同《改革报》派离得比较远。

小资产阶级民主派最大的特点是动摇性和怯懦性。按照革命性来说，小资产阶级民主派的革命性强于资产阶级共和派。因此，社会民主派的生命力不仅来自于他们的数量，而且基于他们作为中间阶级的摇摆性。他们是“摇摆于资产阶级和无产阶级之间的群众”，具有“半保守、半革命”特质，这使得他们在无产阶级和资产阶级的对立，共和派与秩序党的对抗中常常可以左右逢源。[2] 一旦遇到危险，工人的利益在很大程度上

① 马克思著，中央编译局译：《路易·波拿巴的雾月十八日》，人民出版社 2001 年版，第 39 页。

② 应星：《事件社会学脉络下的阶级政治与国家自主性：马克思〈路易·波拿巴的雾月十八日〉新释》，《社会学研究》2017 年第 2 期。

就会受到忽视。马克思注意到，在六月起义之后，小资产者发觉自己受到了亏待，它的物质利益受到威胁，而那些应当保证它有可能捍卫这种利益的民主保障，也受到了反革命的危害。因此，它就和工人接近起来。另一方面，它在议会中的代表，即在资产阶级共和派专政时期被排挤到后台去的山岳党，在制宪议会存在的后半期中，因为同波拿巴及保皇派阁员们进行了斗争，又重新获得了已失去的声望。尽管社会民主派在议会政治中似乎比纯粹共和派有着更加顽强的生命力，但是他们仍然代表了革命的倒退。在制宪国民议会时期，社会民主派曾与共和派联手镇压了无产阶级六月起义，但是在后来却被纯粹共和派无情地抛弃。"资产阶级共和派公然破坏了自己在临时政府和执行委员会时期勉强地而且是满腹鬼胎地跟他们结成的虚假同盟。民主主义共和派作为同盟者已被轻蔑地抛弃，堕落成了三色旗派的仆从"，"在需要捍卫资产阶级共和国的形式时，制宪议会就拥有民主主义共和派的支持票，在需要捍卫这个共和国的内容时，制宪议会甚至连讲话的方式也与资产阶级保皇派如出一辙了。"社会民主派虽然在 1850 年 3 月 10 日的议会补选中卷土重来，但是革命地位已经大大下降了。"曾被国民议会赶走的山岳党回到了国民议会，但它回来时已不再是革命的指挥官，而是革命的先头司号兵了。"

3. 走向失败：秩序党人联合波拿巴击溃山岳党

立法议会选举的初步成功本来开了一个好头。马克思认为，在 1849 年 5 月 28 日之前，新山岳党人本来有获胜的可能。山岳党人在选举和国民议会中有很强有力的支持。在国民议会的 750 个席位中，社会民主派占有 200 多个，它同秩序党三个派别中任何一个派别同等强大。不仅各省的选举表明山岳党在农村居民中获得很多拥护者，而且差不多全体巴黎议员都是属于山岳党的；军队以选出3个下级军官来表明它的民主主义信念，而山岳党的首领赖德律·洛兰与秩序党的一切代表不同，是由于5个省的选票集中到他身上而升为议会贵族。但事实证明，社会民主派的怯懦、动摇、虚夸、平庸令他们过早地被狡猾的政敌诱骗，政治上的不成熟使得他们将共和国拱手让与他人。

国民议会开幕伊始，秩序党就向山岳党挑战。马克思认为，秩序党人给山岳党人设置了陷阱，而陷阱的诱饵就是法军炮轰罗马。按照宪法规定，总统批准的军事行动明显违反了宪法第5条，即“禁止法兰西共和国使用自己的兵力侵犯他国人民的自由”。此外，宪法第54条还规定，“禁止行政权在不经过国民议会同意宣布战争”。作为议会反对党的领袖，赖德律·洛兰极力批判路易·波拿巴总统的越权行为，以此为根据在1849年6月11日对波拿巴和他的部长们提出弹劾案。马克思认为赖德律·洛兰过于莽撞，恰恰中了秩序党人的圈套：“在国民议会刚一开幕，秩序党人就开始对山岳党进行挑战。资产阶级已经感觉到必须要制服民主派小资产者，正如他们在一年以前感到必须制服革命无产阶级一样。不过这次地方的情况已经是另一个样子了。无产阶级党的力量是在街上，小资产者的力量却在国民议会中。因此必须趁实践和形势还没有把这种力量巩固起来的时候，就把它从国民议会引诱到街上，使它自己摧毁它在议会中的力量。把山岳党人激怒，彻底从议会清除，这就是秩序党人对付山岳党人的策略。”托克维尔在议会中直接指责赖德律·洛兰，怒斥他不仅想要制造动乱，而且在散布可以引发动乱的谎言。赖德律·洛兰被梯也尔嘲笑讥讽为“海盗”和“纵火者”，认为他和六月起义的造反者有着密切的联系。而悲剧在于，山岳派果然被激怒了。

在遭到秩序党的讥讽后，赖德律·洛兰威胁说将使用一切手段，包括使用武力来保护宪法。国民议会否决了弹劾案，山岳党全体一致起立，重申使用武力的号召。然而，结果却是6月12日，国民议会否决了弹劾案，巴罗内阁和秩序党人占多数派的议会主导了决策，山岳党愤而退出议会。6月13日事变爆发，山岳党发表宣言宣布波拿巴和他的部长们不受宪法保护，民主派的国民自卫军徒手举行示威游行，但遇到尚加尔涅的军队就逃散了。一部分山岳党逃到国外，另一部分被交付布尔日最高法院审讯，余下的受到议长监管；巴黎再次宣布戒严，国民自卫军中的民主派部分被解散，社会民主派的力量就这样被消灭了。

秩序党议员托克维尔回忆道：“从6月11日开始，山岳派到处演讲，对政府进行猛烈的攻击。赖德律—洛兰站在讲台的高处，号召进行内战，因为他认为政府违反了宪法，而他的朋友和他已经准备用一切手段来保卫宪法，并要求罢免共和国总统和前届内阁。12日，负责审议的议会委员会驳回罢免案，而直接要求议会立即对总统及其部长们的未来作出判决。山岳派立即开始讨论，然而擅于辞令而不擅于实际斗争、热心足而决心不够的山岳派领袖们，这一天在他们大放厥词当中表现出前一天没有表现出来的某种犹豫，他们把剑拔出来一半以后，好像又想把它返回鞘内。不久以后，他们发出的信号被议会外面的支持者看到，但再往后，他们并没有采取主动行动，而是跟着形势随大流了。”[①] 托克维尔对 1848 年的六月起义和 1849 年 6 月 13 日事件进行了对比，他写道：6 月的第二次叛乱就这样结束了。其激烈程度和持续时间都与第一次大不相同，但使其失败的原因却是一样的。在第一次时，主要是出于欲望而不是出于信念，参加造反的民众是孤立战斗的，没有能够把他们的代表——议员请来领导他们。而这一次，是议员不能出面领导民众战斗。1848 年 6 月，是军队缺乏指挥员；1849 年 6 月，是指挥员缺少军队。托克维尔认为，山岳派是一些奇怪的人物：他们喜欢吵架的性格和自傲，在报刊上进行宣传和亲自煽动人们参加内战。

山岳党的失误在于错误地估计了形势，没有在临近斗争时考察各个不同阶级的利益和状况。一方面，他们过高地估计了自己的势力。这些政治家既没有掌握军队，也没有掌握内阁，更没有掌握人民，仅仅依凭在部分选区选举获得支持，以及议会内部的单薄力量，就敢于贸然发动进攻。马克思显然觉得这样的做法缺乏政治智慧，他对赖德律·洛兰等民主派嘲讽道：“没有一个党派像民主党这样夸大自己的力量，也没有一个党派像民主党这样轻率地错误估计局势。当一部分军队投票赞成山岳党的时候，山岳党就认为，军队会举行起义来拥护它。”但事实上，社会民主党缺乏国民自卫军的支持。在生死存亡的关键时刻，军队中的所谓同盟者根本没有露过面，即使在某处

① 〔法〕托克维尔著，董果良译：《托克维尔回忆录》，商务印书馆 2004 年版，第 258 页。

露了面，也只是阻挠构筑街垒。“那些仿佛怀有二心的军队，都被悄悄地调出了巴黎；那些在选举中表露出浓厚的民主倾向的团队，都从法国调往阿尔及尔去了；士兵中不安分的分子，都被送入了惩罚队；最后，报刊渐渐和兵营完全隔绝，而兵营渐渐和市民社会完全隔绝了。”不管怎样，似乎民主党人逃出最可耻的失败时总是洁白无瑕的，正像他们进入这种失败时是纯洁无辜的一样；他们摆脱失败时信心更加坚定了。但问题的关键在于不应让形势来适应他们的旧观点，而是基于对形势的考察放弃旧的观点。

另一方面，山岳党认为与他们对立的是一个特权阶级，但他们和全国所有其他阶层一起构成了人民，他们关心人民的权利，并捍卫人民的利益。因此，他们只须发出信号，人民就会用它无穷无尽的力量冲向压迫者，军队也会举行起义来拥护它。事实表明民主党人的利益并不被人关心，他们的力量是软弱无力的，在失败之后，他们把这一切归咎于诡辩家把统一的人民分成各个敌对的阵营，归罪于军队太野蛮，太没有理智，没有把民主派的纯正目的当作至宝，最后，或者是由于某种意外的偶然事件，事情没有成功。并且正如民主党人一切伟大行动中常有的情形那样，领袖们为了安慰自己，可以责备他们的“人民”背叛了他们，人民为了安慰自己，也可以责备他们的领袖欺骗了他们。社会民主派的可笑之处就在于用想象出的人民来对抗敌人，根本难以调动无产阶级的利益。

事实上，社会民主党未能巩固无产阶级的战线。民主派往往在关键时刻就牺牲工人阶级的利益。恩格斯注意到，“激进小资产者之所以带有社会主义情绪，只是因为他们清楚地看到自己即将灭亡，看到自己即将加入无产阶级的行列。他们不是作为小资产者、小量资本的所有者，而是作为未来的无产者在幻想劳动组织，幻想资本和劳动之间关系的变革。只要他们获得政权，他们很快就会忘掉劳动组织。”[①] 马克思也注意到，人们对1848年的六月起义还记忆犹新，以致无产阶级对国民自卫军深恶痛绝，秘密团体的领袖们对民主派的领袖们表示很不信任。要消除这些矛盾，必须有受到威胁的重大的共同利益出现。宪法某一抽象条文遭破坏，并不能激起这种利益。如民主党人自己所说，难道宪法不是已经被人破坏了许多次吗？难道最大众化的报纸不是已经责骂宪法是反革命的拙劣作品吗？但是，民主党人代表小资产阶级，即体现两个阶级的利益互相削弱的那个过渡阶段，所以他们认为自己完全是站在阶级对抗之上。“民主派不但没有从无产阶级中去汲取力量，反而把自己的懦弱传染给无产阶级。”[②]

马克思讽刺到：“很少看到什么事情比山岳党当前的进军喧嚷得更厉害；很少看到谈论什么事情像现在吹嘘民主派必然胜利这样自信、这样迫不及待。显然，民主党人是相信使耶利哥城墙应声倒塌的号角声的力量的。每当他们站在专制制度的城墙面前时，他们就力图重复这个奇迹。如果山岳党真想在议会中获得胜利，它就不应该号召使用武力。如果它在议会中号召使用武力，它就不应该在街头上采取议会式的行动。如果它认真考虑过和平示威，那么它没有预先看到示威将受到武力的

① 《马克思恩格斯全集》第6卷，人民出版社1961年版，第665页。

② 马克思著，中央编译局译：《路易·波拿巴的雾月十八日》，人民出版社2001年版，第41页。

干涉，就很愚蠢了。如果它想过实际的战斗，那么放下战斗所必需的武器，就是件怪事了”。[①] 然而，社会民主派提出革命威胁，不过是吓唬敌人；当形势迫使他们不得实地战斗时，他们就采取模棱两可的态度。如果山岳党真想在议会中获得胜利，就不该号召使用武力；如果号召使用武力，就不该在街头上采取议会的行动，让宣战的震耳欲聋的前奏曲变成怯懦的唠叨。

社会民主派就这样被击溃了，秩序党人在立法议会中取得了绝对的统治地位，但同时却意味着立法权受到了污损和贬低，并大大提高了行政权的声望和权力。对秩序党而言，共和国即资产阶级通过议会的形式实现统治，相较于君主国而言，议会无须受到行政否决权与解散议会权力的限制。但秩序党在保证其取得议会无限权力的同时，也沉重地打击了议会本身，因为它把议会中最孚众望的议员排除出去，就大大贬低了每一个人民代表，严重地削弱了议会对付行政权的力量；它指责为保护起义的宪法是图谋颠覆社会的行为，也就剥夺了自己在遭受行政权违反宪法的侵犯时诉诸起义的机会。6 月 13 日事件的另一层意义在于，山岳党曾力求把波拿巴交付法庭审判，因此，山岳党的失败意味着波拿巴的直接胜利；而国民议会批准了由波拿巴发起的对罗马的征讨，则使波拿巴得以恢复罗马教皇庇护九世的世俗权力，为其复辟获得教皇支持埋下伏笔。

此外，山岳党的失败标志着法国国民自卫军历史上决定性的转折点。在 1849 年 6 月 13 日事件之前，确立起这样一种信

---

① 马克思著，中央编译局译：《路易·波拿巴的雾月十八日》，人民出版社 2001 年版，第 41 页。

念：革命没有国民自卫军便不能胜利，而军队如果反对国民自卫军便不能获胜。1830 年，国民自卫军决定了复辟的垮台；1848 年二月革命中国民自卫军对镇压起义的消极态度决定了路易·菲利普的失败；1848 年六月起义中，国民自卫军协同正规军镇压了起义愈发强化了这种迷信。但波拿巴就任总统后，把国民自卫军的指挥权与正规军第一师的指挥权统一交给尚加尔涅，使得国民自卫军的地位降低了，因为国民自卫军的指挥权似乎成为最高军事统帅的一种属性，而国民自卫军也似乎沦为正规军的附属物；到了 1849 年 6 月 13 日，国民自卫军已被粉碎，在全国各地逐渐被解散。国民自卫军非但没能捍卫社会民主党，反而已经彻底脱离了和人民的联系，最终成为了统治阶级国家机器的一部分。1848 年六月起义时，资产阶级和小资产阶级以国民自卫军为代表同军队联合起来反对无产阶级；1849 年 6 月 13 日，资产阶级在军队的帮助下驱散了小资产阶级的国民自卫军。当小资产阶级不再顺从并支持资产阶级，而是如反叛者一般反对它时，资产阶级便毁坏了国民自卫军这个武器，但也自己毁坏了其对抗军队的最后一个武器。换言之，资产阶级一旦自己成为专制者时，便亲手把自己用来对付专制制度的一切防御手段尽行毁坏。

秩序党对共和国宪法横加侮辱，咒骂一切的革命，并颁布了钳制报刊言论、消灭结社自由和把戒严状态规定为正常制度的法律。国民议会从 8 月到 10 月停止开会，并任命了休会期间的常任委员会，只留下路易·波拿巴这一个人物在众目睽睽之下占据共和国首脑的地位，而秩序党则分解为各个保皇派构成部分，发泄其彼此敌对的复辟欲望。秩序党在庆祝自己重获政权的同时，危机已隐匿其中。

四、秩序党人与波拿巴的斗争

在马克思看来，波拿巴在 1851 年 12 月 2 日的政变是一场笑剧。而秩序党人和波拿巴的斗争标志着立宪共和国的覆灭。马克思在第四、第五、第六章中，用三章篇目描写了秩序党人和波拿巴的斗争，这场斗争从 1849 年 5 月 28 日开始，到 1851 年 12 月 2 日被解散，是立宪共和国或议会制共和国的存在时期，是资产阶级和波拿巴的斗争，资产阶级统治被彻底推翻。这场阶级斗争最直接的具体结果，就是“波拿巴对议会的胜利，行政权对立法权的胜利，无言语的力量对言语的力量的胜利。”旧国家的一种权力首先只是从它自身的局限中解放了出来，变成了无限制的绝对权力。革命失败了，“在行政权面前，国民完全放弃了自己的意志，而服从于他人意志的指挥，服从于权威”。①

1. 秩序党的意识形态：“财产、秩序、自由、宗教”

在法兰西第二共和国的历史中，秩序党占有十分关键的地位。1849 年，在梯也尔等人领导下，右翼力量成立了领导机关普瓦提埃大街委员会（Comité de la rue de Poitiers）。在 1849 年 5 月议会大选中，秩序党大获全胜，在 705 个席位里占了 450 席，牢牢掌控了议会多数。在原来选举联盟的基础上，右翼势力进一步扩大为“自由联盟”，它们之所以把自己称为

① 马克思著，中央编译局译：《路易·波拿巴的雾月十八日》，人民出版社 2001 年版，第 101—102、102 页。

秩序党，主要因为他们最关心的是秩序、家庭、宗教、财产。主要由正统派（Légitimistes）与奥尔良党人（Orléanists）两大保皇派联合组成。其成员包括梯也尔、奥迪隆·巴罗、托克维尔等许多著名的政治人物，许多军队、大学、学院和报界的高官显贵、教师、律师，都分属于上述两派。所谓正统派，是1814年到1830年波旁王朝长系的拥护者。而奥尔良派则是1830年七月革命到1848年革命这段时期执政的波旁王朝幼系、奥尔良公爵的拥护者。

秩序党人无视共和主义的原则，反对经济社会体制的革命。在竞选中，提出的纲领是反对中央集权，支持地方自治，实行教育自由，成立基金会，兴办大企业。在财产权利上，他们反对把不平等归因为财产权，主张利用道德秩序、基督教精神感化群众，提出设立贫民储金互济和慈善机构来解决社会经济的不平等。在政治上，秩序党多为“亲英派”或“亲美派”，尝试把英国式的君主立宪制或者美国式的民主共和制移植到法国，实现英国式资产阶级议会制，主张议会权力相对于王权占据优势。他们宣传和夸大社会主义的威胁，提出“保卫社会”的口号，对社会主义者百般污蔑。例如，他们撰写了《农民选民手册》的小册子，书中宣传山岳党是野蛮的共和主义者，辱骂社会主义者和共产主义者共产共妻，要掏空农民的口袋，抢走他们的妻子。[①] 他们极力反对社会主义和共产主义，认为这些思潮会给法国带来不正确的观点，从而点燃法国人民的激情，带来社会的剧烈动荡。

---

① 参见孙娴：《法兰西第二共和国史》，社会科学文献出版社1995年版，第174页。

梯也尔（Thiers）是资产阶级右翼势力的代表人物，他以血腥镇压1871年的巴黎公社而闻名，被马克思在多篇著作中大加批判。梯也尔出生于1797年，受过良好的教育，对文学有着浓郁的兴趣。他在青年时代撰写了十卷本的《法国革命史》，在巴黎的自由派圈子内赢得了声誉，并在1834年成为法兰西学院院士。他有着丰富的从政经验，其政治生涯开端于复辟王朝（1814—1830年）、贯穿七月王朝（1830—1848年）、第二共和国（1848—1852年）和第二帝国（1852—1870年），最后担任了第三共和国的首任总统。

梯也尔作为奥尔良派的主要代表，在七月王朝时期，曾经在1836年、1840年担任首相，还担任过外交部长、内政部长、议会主席等职务，他主张限制路易·菲利普的权力，并由于政见不同与基佐发生了一系列冲突。[①] 在1840年东方危机以后，梯也尔成为了七月王朝的自由主义反对派。在二月革命中，路易·菲利普为了平息起义者的愤怒，要求莫雷辞职，并召唤梯也尔和奥迪隆·巴罗组阁，但是被梯也尔拒绝了。起义者们也不相信梯也尔—巴罗内阁能改革，高呼“不要莫雷，不要梯也尔，不要巴罗，人民自己当家做主人!”梯也尔在二月革命中，站在了巴黎起义者的对立面。他积极地镇压巴黎工人和社会主义。马克思对梯也尔评价非常低，认为“从共和国宣告成立直到政变止，镇压二月革命就成为他的唯一工作。”在1848年总统大选中，他担任了“秩序党”反对资产阶级共和派的候选人，成为了右翼自由主义者的领袖，社会主义的恶敌，协助路

① 参见刘文立：《19世纪中期的梯也尔》，《武汉大学学报》1988年第3期。

易·波拿巴相继击败资产阶级共和派和小资产阶级民主派。梯也尔对待共和制的态度十分消极，他在参加总统选举时候，就曾经说："倘若竞选成功，我将被迫与共和制联姻，而我这诚实的小伙子实在不愿去娶如此坏的姑娘。"

在1850年的立法国民议会时期，梯也尔直接参与炮制了允许教会干预教育的《法卢法》，并通过了限制普选权的法案，可以说是1848年宪法的主要掘墓人。在1851年12月政变中，梯也尔被拘捕，后来被流放到国外，再后来被允许回国。他埋头撰写了一部20卷本的《执政府与帝国史》，主要内容是拥护大革命并且颂扬拿破仑，把拿破仑一世的统治当成法国革命的延伸，为颂扬"拿破仑传奇"起到了重要作用。以至于拿破仑三世虽然非常不喜欢这位反对派政客，但是却认为他是"杰出的民族的历史学家"。直到1863年重出江湖，成为立法议会议员。并在1864年1月14日，针对帝国的专制制度要求政府给予"五种必要的自由"（人身自由、出版自由、选举自由、国民代表的自由、议会多数派的自由），他后来成为议会内部反对帝国的领袖，被拿破仑三世视为"帝国最强大的敌人"，并在第三共和国时期担任了首任总统。尤其是在镇压后来的巴黎公社中，梯也尔正是屠杀公社社员的命令者。因此，马克思在《论梯也尔》中十分蔑视这位奥尔良派的代表，认为"他在多年的政治生涯中，从来没有办过一件哪怕是极微小的稍有实际益处的事情"，"他的私生活和他的社会生涯同样卑鄙龌龊。"甚至说："要想找到与梯也尔和他那些嗜血豺狼的行为多少相像的东西，就必须回到苏拉和前后罗马三执政的时代去。"可以看到，马克思对工人阶级的悲悯之情，让他对梯也尔这样的政客十分愤慨。

奥迪隆·巴罗（Odilon Barrot）也是奥尔良派的主要领袖，他的政治盟友包括托克维尔、博蒙等著名人士。巴罗 1791 年出身于一个富有的律师家庭，父亲曾经担任国民大会议员，曾投票反对处死路易十六。在复辟王朝时期，巴罗从事律师行业处理了大量的政治辩护案件，并参与了 1830 年革命。在政治理念上，巴罗支持君主立宪制的理念，反对极端共和主义，但是，他对复辟王朝、七月王朝的统治也不甚满意，他是王朝反对派，“宴会运动”的重要组织者，主张在体制内推动选举改革。

在 1848 年革命中，巴罗拒绝加入临时政府。他对无产阶级的二月革命和六月起义都非常反感，菲利普本来准备让巴罗担任首相，怎奈形势发展太快，七月王朝飞灰湮灭了。六月起义后，他曾担任调查委员会主席，负责调查社会主义各派和民主主义各派的领袖的活动情况。马克思曾言，当资产阶级共和派急于要除掉社会主义者时，“他们再也找不到比奥迪隆·巴罗先生更为适当的人选来替他们复仇了。这个人是王朝反对派过去的首领，自由主义的化身，妄自尊大的小人，浅薄无能的庸才，他不仅要为王朝复仇，而且要同那些使他丢掉内阁首相职位的革命家算账。这保证他绝不会手软。”① 果然，巴罗主持的调查委员会对二月革命进行了攻击，把社会主义者开始的一系列活动定性为阴谋、谋杀或内战，对参与者进行了严厉的法律惩处。导致路易·勃朗和科西迪耶尔被交付法庭审判。他在

① 《马克思恩格斯文集》第 2 卷，人民出版社 2009 年版，第 108 页。

幕后支持卡芬雅克将军竞选总统，但是选举失败了。

在路易·波拿巴当选总统后，他任命巴罗担任内阁首相，巴罗欣然接受，并组建了第一届巴罗内阁（1848 年 12 月 20 日至 1849 年 6 月 2 日）。在此期间，他主张制定了限制报刊自由的法案，对赖德律·洛兰等山岳党人炒作“出兵罗马”的议题坚决予以抵制。在 1849 年 5 月立法议会选举后，他又组成了第二届巴罗内阁（1849 年 6 月 2 日至 1849 年 10 月 31 日），托克维尔在此期间担任了外交部长。然而，这个内阁存在不到五个月，就在 1849 年 10 月 31 日被路易·波拿巴解散了，被奥普尔内阁所替代。这一事件标志着秩序党人失去了对内阁的掌控。在 1851 年政变后，巴罗被起诉为叛国罪，被流放到国外十余年。归国后被选举为法兰西道德与政治科学院院士，并在晚年获得盟友梯也尔要求，担任了行政院长的职务。奥迪隆·巴罗是中央集权的著名反对者，他终身致力于公法和行政法研究，撰写过《中央集权及其影响》《法国的司法机构》等著作，是十分典型的保守自由主义者。

秩序党人在立法议会赢得多数以后，就采取了一系列措施取消了临时政府的政策，尤其以法卢法案，以及 5 月 13 日选举法最为典型。法卢法案是关于教育权的一项法案，该法规定成立由 28 人组成的公共教育最高委员会，其成员包括：4 名大主教或主教，1 名教会使者，1 名奥格斯堡教派的教会使者，1 名犹太教的中央教务会议的成员等，对公共学校的教学大纲，以及自由学校的监督等问题的规定提出意见，实质上是让宗教的教条进入了教育界，秩序党人认为社会秩序正在遭到威胁，挽救的唯一办法就是让宗教起到教化人心的作用。在法国出现了一大批教会、宗教团体和信徒创办的中小学，培养出与公立学校迥然不同的一批学生。秩序党人提出的新的选举草案规定，凡年满21岁的法国男子在市镇或县拥有住所至少3年方享有选举权，住所确定的办法是在某地持续3年缴纳人头税或养路捐，受雇佣者需要有雇主的证明。按照这一项规定，导致许多在一地无法长期工作的人便丧失了选举权，其目的是实质上削弱了工人的政治权力。由此可见，通过一系列改革措施，秩序党人以“财产、秩序、自由、宗教”在意识形态上偏向保守主义，这些观点在马克思看来恰恰是需要加以摧毁的。

2. 走向联合：秩序党的阶级分析

马克思反对仅仅通过政见观点来研究党派。他问道：“什么东西使这两个集团依附于它们的王位追求者并使它们互相分离呢？难道只是百合花和三色旗，波旁王朝和奥尔良王室，各种色彩的保皇主义？难道真是它们的保皇主义信仰？”[①] 在马克思看来，答案是否定的。正统派和奥尔良派是秩序党中的两个大集团，这两个集团的彼此分离是由于各自的物质生存条件与不同的占有形式，即资本与地产之间的竞争：在波旁王朝时期进行统治的是大地产者连同它的僧侣和仆从；在奥尔良王朝时期进行统治的是金融贵族、大工业者、大商业者，即资本和它的随从。在不同的占有形式上，耸立着由各种不同的情感、幻想、思想方式和人生观构成的整个上层建筑。整个阶级在它的物质条件和相应的社会关系的基础上创造和构成这一切。个人

① 马克思著，中央编译局译：《路易·波拿巴的雾月十八日》，人民出版社2001年版，第36页。

通过传统和教育承受了这些情感和观点，会将这些情感和观点视作其行为的真实动机和出发点，但事实并非如此，奥尔良派和正统派彼此分离并非由于它们忠于不同的王朝，而是它们利益的对立才使得这两个王朝不能结合为一。

两大保皇党休战联合的重要原因主要来源于对社会主义者激进革命的恐惧。正如马克思所说："在六月的日子里，一切阶级和党派都团结成一个维护秩序的党来反对无产阶级——无政府主义、社会主义和共产主义的党。"秩序党建立于 1848 年巴黎工人六月起义之后，是一个反革命政党。这个党派把社会主义者视为"社会之敌"。他们认为，革命之后将产生一个没有秩序的混乱社会。例如，秩序党人的重要政治家托克维尔就把各种社会主义理论视为"二月革命的哲学"，他认为：这种理论燃起真正的激情，激发嫉妒心，最后引起阶级之间的战争。他注意到，六月起义的一个显著特点是没有以改变政府的体制为目的，而是以变更社会的秩序为目的。实际上，它不是政治斗争，而是一场阶级的战斗，一种努力造反的战争。他把革命罪责归因为社会主义鼓动家们对财产不平等的错误论述，释放了巴黎群众的贪婪欲望。因此，秩序党人提出了"财产、家庭、宗教、秩序"的口号，借恢复国内的安宁为名实行对工人阶级的镇压。在六月起义后，两大政治派别逐渐走向了联合。

马克思在《雾月十八日》中用大量篇幅研究了秩序党，他清楚地认识到秩序党的反社会主义本质。他认为，"资产阶级的所有各集团联合为秩序党，这是土地所有者和资本家为维持对劳动的经济奴役、维护保障这种奴役的国家压迫机器而结成的党”。“他们的阶级统治是与生产群众的解放直接公开对抗的——秩序是他们的阶级统治的经济政治条件的代称，是奴役劳动的代称。”① “实际上，正统派、波拿巴派、奥尔良派、资产阶级共和派、耶稣会教徒，伏尔泰信徒，彼此抱成了一团。他们已经不再躲藏在王冠的庇护之下，已经不能再把他们的那些党争粉饰为争取人民利益的斗争从而使人民对它们发生兴趣，已经不再彼此分高下。”“它的直接任务，它的唯一的存在意义就是镇压人民。它是阶级统治的恐怖。”② 因此，秩序党不再以保皇党的面目而出现，而是第一次作为“统一而不可分割的”资产阶级来行动。

于是，在议会共和国的形式下，资产阶级的两大集团互相结合起来，从而把自己的阶级的统治提到日程上来，以代替这一阶级中的一个特权集团的统治。联合的保皇党人以秩序党的姿态出现，扮演一个议会大党的角色，这是凭借其社会的资格，即作为资产阶级世界秩序的代表者，而非凭借其政治的资格，即其所忠于的王朝的代表者；秩序党是作为和其他阶级对立的资产阶级，而非与共和党相对立的保皇党人。如果他们依旧憎恶共和制，那不仅是出于保皇主义的回忆，而是共和制虽然完成了他们的政治统治，同时却破坏着这一统治的社会基础，因为他们必须直接面对各个被奴役阶级的斗争。然而，当秩序党与波拿巴发生冲突时，担心行政权危害他们的议会的万能权力时，他们就以共和党人的身份出面，而非以保皇党人的

① 马克思著，中央编译局译：《路易·波拿巴的雾月十八日》，人民出版社 2001 年版，第 18 页。

② 《马克思恩格斯全集》第 17 卷，人民出版社 1963 年版，第 561 页。

身份出面了。

3. 走向失败与分裂：秩序党与行政权的斗争

秩序党和波拿巴的斗争是第二共和国覆灭的关键时期。马克思从唯物史观出发，对秩序党丢失执政地位进行了精彩的分析。

一是未能掌握行政权，丧失了为维持议会制度所必需的支柱。在秩序党人与波拿巴的第一轮较量中，波拿巴蛮横无理地解散了秩序党内阁。马克思认为，巴罗·法卢内阁被波拿巴解散是一个决定性的转折点。因为，掌握行政权的关键在于掌握内阁，而一旦失去分配阁员位置的权限，也就失掉任何实际影响力了。“在法国这样的国家里，行政权支配着由50多万人组成的官吏大军，也就是经常和绝对控制着大量的利益和生存；在这里，国家管制、控制、指挥、监视和监护着市民社会。”①尽管秩序党人采取废除普选权、修改选举法、否决总统补助金、内阁不信任案等办法反击波拿巴，但却往往收效不佳。

二是面对紧急形势犹豫不决，丧失了对军队指挥权的掌控。秩序党人将军尚加尔涅一度执掌着正规军第一师和巴黎国民自卫军的最高统帅权。波拿巴借口擅自发布紧急命令，把尚加尔涅免职了。根据宪法，秩序党议会本可以任命尚加尔涅将军为国民议会议长，调动足够的军队即可保卫议会。但是，秩序党人内部的矛盾以及犹豫不决错失了良机。马克思指出：“秩序党既然推开了由尚加尔涅作代表表示愿意听它指挥的军

---

① 马克思著，中央编译局译：《路易·波拿巴的雾月十八日》，人民出版社2001年版，第49页。

队，因而把这个军队永不复返地让给了总统，这就表明资产阶级已经丧失了统治的使命。……秩序党现在既已丧失了控制军队和国民自卫军的权力，那么它还剩下什么强制手段来同时保持议会用以统治人民的篡夺来的权力和议会用以防止总统侵犯的宪法的权力呢？什么也没有了。”①

三是不能把握时局变换，屡屡贻误最佳战机。马克思对秩序党人的斗争策略大家嘲讽。他认为，秩序党人总是极力避免和拒绝在重大的、迫切的问题上和行政权进行斗争。把反对行政权的斗争缩小为关于权限问题的无谓争吵，变成吹毛求疵、无谓争讼以及关于界限问题的争论，把最无聊的形式问题变成了自己的活动内容。当斗争具有原则意义，行政权真正名誉扫地，国民议会的事业成为国民的事业的时候，秩序党不敢争斗。在与国家权力进行斗争的时候，秩序党人总是采取高尚和庄严的方式，而波拿巴却能用下流手段进行斗争。秩序党人屡屡错失千载难逢的机会，往往在紧急关头退出舞台，不断的议会休会多次为波拿巴提供了进攻时机。

四是党内派系不和，丧失了独立的议会多数。在 1851 年 5 月 28 日，修宪问题使得秩序党内部彼此利益矛盾的各个敌对派别的斗争公开化了，最终给秩序党彻底瓦解发出了信号。“修改宪法的问题造成了一种政治热度，它使这个产物重又分解为它原来的各个构成部分。”在马克思看来，“秩序党的解体还不止于它分解成各个基本构成部分。这两大派别中的每一

① 马克思著，中央编译局译：《路易·波拿巴的雾月十八日》，人民出版社 2001 年版，第 72 页。

派，又都继续分解下去。看来，先前两大营垒中的每一个营垒（不论是正统派或奥尔良派）内部曾经互相斗争互相排斥的一切旧有色彩，如同干纤毛虫碰到了水一样，又都重新活起来了。看来，他们又重新获得了充分的生命力，能够形成具有互相对立的独立利益的各个派别了。”①

五是政党代表性断裂，难以维护资产阶级的共同利益。由于议会与行政权的频繁争斗，议会屡屡否决内阁提案，从而损害了资产阶级的物质利益。1850 年冬开始关于修筑巴黎—阿维尼翁铁路问题的讨论，直到政变结束时，还没有结果。在工商业危机下，金融贵族、工商业资产阶级开始抛弃秩序党。马克思观察到：“议会内的秩序党和议会外的秩序党也分裂了。”“议会外的资产阶级群众，却对总统奴颜婢膝，诋毁议会，粗野地对待自己的报刊……它渴望摆脱自己的政治统治地位，以便摆脱这种统治地位带来的麻烦和危险。”② 资产者彻底抛弃了议会制共和国。在流氓无产阶级的头目波拿巴的进攻下，秩序党先后丧失了内阁、军队、议会独立多数，最后丧失了资产阶级的支持，它的使命结束了。

反人民的共同战争和反共和国的共同阴谋相结合的这种情况，加上统治者内部纷争和钩心斗角的阴谋，造成了社会的瘫痪，引起了中等阶级群众的厌恶和迷惘，扰乱他们的生意，使他们陷于一种长期的动荡不安状态中，在这种制度下创造了

① 马克思著，中央编译局译：《路易·波拿巴的雾月十八日》，人民出版社 2001 年版，第 78、83 页。

② 马克思著，中央编译局译：《路易·波拿巴的雾月十八日》，人民出版社 2001 年版，第 85、88 页。

（产生了）专制制度的一切条件，但这是不安定的、以议会的无政府状态为首的专制制度。于是，政变的时刻来到了，这帮无能的坏蛋不得不让位给随便哪一个侥幸得逞的野心分子，这样就结束了阶级统治的无名形式。路易·波拿巴就是这样结束了已存在四年的资产阶级共和国。

第四章

解剖现代国家权力：波拿巴主义

理解《雾月十八日》的另一条关键线索，就是马克思对国家权力和国家机器变异过程的描述。他注意到，在1848年革命之后，一个独立于社会的、复杂而巧妙的国家机器大大巩固了。革命虽然推翻了旧社会，但是新社会却以更加集权的形式表现出来："一切变革都是使这个机器更加完备，而不是把它摧毁。那些相继争夺统治权的政党，都把这个庞大国家建筑物的夺得视为胜利者的主要战利品。"① 马克思以法国革命史为蓝本，对现代国家的起源、完备和变异进行了分析，大致可分为三个阶段。

首先，现代国家诞生于绝对君主制时代，充当了新兴资产阶级社会反对封建制度的有力武器。"这个俨如密网一般缠住法国社会全身并阻塞其一切毛孔的可怕的寄生机体，是在绝对君主制时代，在封建制度崩溃时期产生的，同时这个寄生机体又加速了封建制度的崩溃。土地所有者和城市的领主特权转化为国家权力的同样众多的属性；封建的显贵人物转化为领取薪

① 马克思著，中央编译局译：《路易·波拿巴的雾月十八日》，人民出版社2001年版，第103页。

俸的官吏；互相对抗的中世纪的无限权力的五颜六色的样本转化为确切规定了的国家权力的方案，国家权力的工作像工厂一样有分工，又有集中。”① 在这个时期，主要体现为中央集权制度的发展：“中央集权的国家政权及其遍布各地的机关——常备军、警察、官僚、僧侣和法官（这些机关是按照系统的和等级的分工原则建立的），是起源于绝对君主制时代，当时它充当了新兴资产阶级社会反对封建制度的有力武器。但是，封建领主的特权、地方的特权、城市和行会的专利以及各省的法规等这一切中世纪的垃圾阻碍了它的发展。”②

其次，现代国家大厦是在第一帝国时代逐渐完备的。“十八世纪法国革命的大扫帚，把所有这些过去时代的垃圾都扫除干净，从而从社会基地上清除了那些妨碍建立现代国家大厦这个上层建筑的最后障碍。这座大厦是在第一帝国时期建立起来的，而第一帝国本身则是由老朽的半封建的欧洲反对近代法国的几次同盟战争产生的。”③ “第一次法国革命所抱的目的是破坏一切地方的、区域的、城市的和各省的特殊权力以造成全国公民的统一，它必须把专制君主制已经开始的事情——中央集权加以发展，但是它同时也就扩大了政府权力的容量、属性和走卒数目。”④ 拿破仑完成了这个国家机器。正统王朝和七月王朝并没有增添什么东西，不过是扩大了分工，这种分工随着资

① 马克思著，中央编译局译：《路易·波拿巴的雾月十八日》，人民出版社 2001 年版，第 102—103 页。

② 《马克思恩格斯全集》第 17 卷，人民出版社 1963 年版，第 355 页。

③ 《马克思恩格斯全集》第 17 卷，人民出版社 1963 年版，第 355 页。

④ 马克思著，中央编译局译：《路易·波拿巴的雾月十八日》，人民出版社 2001 年版，第 103 页。

产阶级社会内部的分工愈益造成新的利益集团，即造成用于国家管理的新材料，而愈益扩大起来。每一种共同的利益，都立即脱离社会而作为一种最高的普遍的利益来与社会相对立，都不再是社会成员的自主行动而成为政府活动的对象——从某一村镇的桥梁、校舍和公共财产起，直到法国的铁路、国家财产和国立大学止。

在拿破仑失败以后的各个统治时代，政府被置于服从议会监督，即服从有产阶级直接监督的地位。“一方面，它变成了巨额国债和苛捐重税的温床；由于拥有令人倾心的官职、金钱和权势，它变成了统治阶级中各个争权夺利的党派和冒险家彼此争夺的对象。另一方面，它的政治性质也随着社会的经济变化而发生了变化。现代工业的进步促使资本和劳动之间的阶级对立更为发展、扩大和深化，国家政权也就随着愈益具有资本压迫劳动的全国政权的性质，具有为进行社会奴役而组织起来的社会力量的性质，具有阶级统治机器的性质。在每次标志着阶级斗争的一定进步的革命以后，国家政权的纯粹压迫性质就愈益公开地显露出来。1830 年的革命把政权从地主手里夺来交给了资本家，也就是从离工人阶级较远的敌人手里夺来转交给了工人阶级的更为直接的敌人。”① “最后，议会制共和国在它反对革命的斗争中，除采取高压手段而外，还不得不加强政府权力的工具和集中化。”② 但是，在绝对君主制时代，在第一次革命时期，在拿破仑统治时期，官僚不过是为资产阶级的阶

① 《马克思恩格斯选集》第 2 卷，人民出版社 1972 年版，第 372—373 页。

② 马克思著，中央编译局译：《路易·波拿巴的雾月十八日》，人民出版社 2001 年版，第 103 页。

级统治进行准备的手段。在复辟时期，在路易·菲利普统治时期，在议会制共和国时期，官僚虽力求达到个人专制，但它终究是统治阶级的工具。

最后，第二共和国和第二帝国时期，现代国家才畸变为脱离社会的寄生机体。“只是在第二个波拿巴统治时期，国家才似乎成了完全独立于社会的东西。和市民社会比起来，国家机器已经大大地巩固了自己的地位，它现在竟能以十二月十日会的头目，一个从外国来的、被喝醉了的兵痞拥为领袖的冒险家做首脑，而这些兵痞是他用烧酒和腊肠收买过来的，并且他还要不断地用腊肠来讨好他们。由此便产生了怯懦的绝望和难以表述的屈辱感情，这种情感压住法国的胸膛，不让它自由呼吸。法国觉得自己似乎是被凌辱了。”[①] 行政权具有明显的独立性，这时它的首脑不再需要天赋，它的军队不再需要声誉，它的官僚不再需要道义上的权威，便可以合法存在。和市民社会比起来，国家机器已经大大巩固了自己的地位。

一、拿破仑一世与现代国家的建立

“拿破仑完成了这个国家机器。”这是马克思对法兰西现代国家构建的历史评价。在他看来，“拿破仑是革命的恐怖主义对这次革命所公开宣布的资产阶级社会及其政治的最后一次战斗的体现。的确，拿破仑已经了解到现代国家的真正本质；他已经懂得，资产阶级社会的无障碍的发展、私人利益的自由运

① 马克思著，中央编译局译：《路易·波拿巴的雾月十八日》，人民出版社 2001 年版，第 103—104 页。

动等是这种国家的基础。他决定承认和保护这一基础。他不是一个空想的恐怖主义者。”[①] 同时，马克思还注意到，资本主义国家并非资产阶级的统治工具。拿破仑作为国家权力的化身，恰恰代表的是行政权本身的崛起。他写道：“拿破仑还是把国家看做目的本身，而把市民生活仅仅看做司库和他的不能有自己的意志的下属。他用不断的战争来代替不断的革命，从而完成了恐怖主义。他充分地满足了法兰西民族的利己主义，但是他也要求资产阶级在为了达到侵略的政治目的而需要的时候牺牲自己的事业、享乐、财富等等。当他专横地压制资产阶级社会的自由主义（即它的日常实践的政治理想主义）的时候，只要资产阶级社会的最重要的物质利益（即商业和工业）一和他拿破仑的政治利益发生冲突，他也同样毫不珍惜它们。”“而在内政方面，他反对资产阶级社会，把资产阶级社会当做他仍然作为绝对的目的本身来体现的国家的敌人。”[②] 由此可见，拿破仑作为国家权力的代表，独立于市民社会的各个阶级，从而呈现出现代国家的基本特征。

1. 1789 年法国大革命与拿破仑的雾月政变

拿破仑·波拿巴于 1769 年出身于科西嘉的一个小贵族家庭。拿破仑出身贵族家庭，又身为法国人，使得他得以接受军事教育，并进入皇家军队。大革命爆发后，拿破仑追随法国革命的原则，与王党作战，并获得将军的军衔。

督政府时期，法国频繁征战，在意大利与奥地利对峙

① 《马克思恩格斯全集》第 2 卷，人民出版社 1957 年版，第 157 页。
② 《马克思恩格斯全集》第 2 卷，人民出版社 1957 年版，第 157—158、158 页。

(1796—1797 年)，并抵抗第二次反法同盟。这场战争强化了法国人的民族认同，并建立起一支现代化军队，反抗欧洲君主国，捍卫法兰西民族与共和国。传统的军官往往属于贵族等级，革命爆发后许多军官的流亡曾一度使军队失去稳定性，使得共和派不得不重组法国军队。为此，共和派组织征募志愿军来捍卫“处于危机中的祖国”，并于 1798 年将征兵制度化，即义务兵役制。此外，战争的环境有助于军事将领的晋升，军事上的英勇同保卫国家结合在一起也有助于提升军事将领的名望。

拿破仑能够执掌大权，与其在军队中的影响力密切相关，而军队对于热月—督政府时期的政局变化起着至关重要的作用。拿破仑初次在督政府时期崭露头角，是帮助时任督政官的巴拉斯镇压保王党叛乱，被誉为“葡月将军”。不久之后，拿破仑被任命为法兰西共和国意大利方面军总司令，并于 1797 年在意大利战役中击退了奥地利帝国与撒丁王国组成的第一次反法同盟联军，迫使对方签署了有利于法国的停战条约，这使拿破仑在军政界的声望日益增高。

1799 年，督政府面临着巨大的政治、经济、军事危机，一群温和的共和派希望改革政制，加强行政权，并决定通过政变来强制推行这一变革。他们呼吁支持一位军事将领，以确保政变成功，并结束在革命期间开启的战争。而这位军事将领就是拿破仑·波拿巴，他成为制度变革的支持者们不可缺的盟友。

1799 年 11 月 9 日，亦即共和八年雾月 18 日，西耶斯等人联合拿破仑发动了雾月政变。政变始于五位督政官的辞职，立法议会随之集会以补救行政权的空缺，波拿巴将军非法闯入议会以实施威吓。一部分议员建立了新的政治体制：临时执政府，并将权力赋予三名执政官，拿破仑·波拿巴即为其中之一。两个议会委员会则负责制定新的宪法。宣传将政变描述为一位著名将军对共和国的拯救。

1799 年 12 月 15 日，共和八年宪法颁布，规定由三名执政领导参政院行使行政权力。为获得其合法性，拿破仑将共和八年宪法诉诸民众投票，即“全民公决”。拿破仑·波拿巴作为第一执政，成为执政府体制中的国家首脑。对雾月党人来说，执政府体制需要同督政府体制之间保持某种延续性：共和框架与行政集体负责制。执政官这一术语正是源自罗马共和国的历史：即指由选举产生的官员，并集体行使权力。但拿破仑·波拿巴则赋予新制度不同的方向，使其逐渐向威权体制演进，并脱离了共和国与革命的传统。

在政变后，拿破仑进行了以下改革：首先，宪法确保行政权的优势。行政权被赋予 3 名执政官，任期 10 年。第一执政享有优先权。他有法律创制权，可以任命或撤销国家的主要行政官员（部长、大使、最高行政法院法官、军官），而另外 2 名执政官则唯有协商的权力。其次，削弱立法权。拿破仑把立法权分化为 4 个机构，分别对应立法 4 个阶段的立法程序：（1）法律草案由参政院起草；（2）经由宪法评议委员会（由 100 名成员组成的议会）讨论（没有提出修正案的可能性）；（3）经由立法团（由 300 人组成的议会）选举，但没有进行商议的可能性；（4）元老院负责审核法案是否合宪。负责制定法律的并非代议制机构，而是技术性的机构，其成员大都是任命或自行遴选的，而非选举或直接选举产生的。再次，认可公民的普选权，但在实质上放弃代议制。执政府体制赋予所有年满21岁，并居住在市镇当中的男性公民选举权。不过，这个选举团只是在市镇（共600万人）这一层级拟定一个名流的名单。这些名流自身再拟定省级的名流名单（共6万人）。省级名流再拟定国家级名流的名单（共6000人），第一执政从中选出元老院议员（终身任职），元老院议员们再从中选出其他议院的议员。此外，选举团应召在全民公决时就宪法文本的采纳抑或行政权的扩张作出决议，这一选举注定要表达民众对于行政权的信任。

2. 拿破仑帝国时期现代行政国家的构建

法国大革命与帝国时期是法国现代国家构建的基础性阶段。对革命者而言，国家意味着在一个共和国当中，作为主权者的民族被界定为一个政治统一体，正如民族一样，国家是统一而不可分割的。“人民主权”首先是由卢梭在《社会契约论》中提出的，并经西耶斯的推进使之成为最直接的革命动员武器。他在《论特权：什么是第三等级》这部小册子中写道：第三等级承担社会得以维持的所有劳动，代表国民的普遍利益，是公意的承载者，具有合法性；而特权等级则不劳而获，享有特权，代表与整个国民利益格格不入的集团利益，不具有合法性。法国大革命一举推翻了特权等级，由平等、自由的均质化的个体所构成的主权国家出现在人类思想的地平线上。

因此，对民族统一性的肯定源自平等的原则：拒绝将特权赋予某些群体的人或者某些区域，也就带来了对一切地方特殊主义的拒斥。在国家建构当中，这一统一性体现在以下两个方面：首先，国家垄断了对权利与普遍法的制订，并适用于所有人；其次，通过地方行政体系强制在全国推行这些规则，以确保它们得到统一的执行，亦即中央集权的体现。同时，法国革命取缔了作为社会组织的封建制度，封建制度将权力与封建主领地所有权联系起来，而法国革命孕育了新的地方行政管理概念的诞生，统一且集中，契合民族统一的概念。拿破仑继承了这一行政模式，并使之完善，并将其推广到欧洲的其他地方。

就第一方面而言，国家在 1804 年的法典中统一了民法。大革命从根本上改变了关于制定法律与编撰法典的观念。正如启蒙运动中的哲人们一样，革命者们希望建立“律法的统治”，这意味着律法规则由选举产生的议会来拟定，它是新的律法的来源，适用于所有公民，意在取代旧的法律。旧的法律是不平等的，且有多种来源，即习俗、司法机构的决议、特权。依据这一理念，拿破仑鼓励法典的编撰，亦即汇编适用于同一领域的所有律法规则：《民法典》（1804 年）、《商法典》（1807 年）、《刑法典》（1810 年）。为了统一法律，并将其理性化，使其通俗易懂，并完善司法的执行。民法典是对法律规章的系统性汇编，适用于人与人之间的经济与人伦关系：结婚、遗产转移、财产权、合同。它取代了旧有的不平等权利，及其多重来源。

就第二方面而言，拿破仑推动了公共部门的改革，旨在扩大中央集权和推动国家建设。公共机构需要承担以下职能，如健康、救助穷人、教育，与卫生。此前，这些工作都由地方权力机构来承担，有时甚至由宗教机构来承担。这些工作自此成为“公共服务”，并由于革命期间所设立的行政区划而得以在各地推行。这一行政组织包括以下三个层级：国家的行政被赋予政府，尤其是内政部；将国家的领土划分为“省”；地方层面为市镇。革命期间，法国的领土于 1790 年被划分为 83 个省份。这一改革旨在简化旧制度时期的行政地理，因为它太过复杂，行政区划、军事区划、教区划分、财政区划分并不统一，相互重叠，错综复杂。

拿破仑将领土划分为 83 个省份，它们在大小与人口方面几乎是均质的（1790 年）。1800 年，设置了行政官员“省长”来管理这些省份，他们在地方这一级别上代表国家。其目的在于加强对领土与人口的控制，并破坏“省份精神”，以促进对民族的归属感，强化中央政权对于领土的控制，被治理者则平等地享有获取公共服务的权利。也正因为此，各省的省府均设立在所有人骑马不超过一天即可达到的地方。这一划分的另一目的，则在于打破并取缔旧制度下省份（province）的疆界与名字，从而培育民众对于更为广阔也更为统一的整体的归属感，即民族。

革命期间，对省与市镇的管理被赋予由选举产生的顾问团。1800 年，拿破仑将其取而代之为由他任命的行政官员：省长为一省之首，市长为一市之首。省长在地方层级上代表国家。他们是中央集权的代理人：他们在地方层面上确保推行在国家金字塔的顶端所采纳的决策（条件为民众在法律面前是平等的）。以下为内政部在 1801 年时对省长职能的界定：“省长主要负责行政命令的执行，他将命令传达给专区区长，专区区长再传达给城市、教区，与农村的市长或镇长，这样，执行的链条从部长畅通无阻地传达到被治理者，并将法律与政府的命令以电流般的迅疾传达到社会秩序分支机构的最末端。”拿破仑时期，国家主要赋予省长以下两项主要职能：确保公共秩序；搜集大量关于其省份的统计数据。

在此基础上，拿破仑推进了财政与税收管理的重组。革命期间，财政管理得到改组，以便摆脱公债的恶性循环，并建立税收平等。从此以后，国民收入与皇室财产区别开来，并引入了预算获得立法团同意方可批准的原则。为了克服财政危机，人们没收教会财产，并以“国有财产”的名义将其出售，所得收归国有。旧有的税收，尤其是间接税被直接税所取代，所有人都征税，没有谁能享有豁免权。拿破仑动员了许多银行家，以完善预算管理，并创造一个稳定的财政体制。他于 1800 年创立了法兰西银行，这是一个私营企业，但承担着公共服务的职能，如发行货币、贴现、担保政府债券。他于 1803 年发行稳定的货币：芽月法郎；1807 年设立审计院，负责审核公共开支。关于税制方案，拿破仑设立了一个特别的行政机构（税务官），在征税方面取代了地方权力机构的职能。为了完善对税款尤其是土地税的分配，他于 1807 年建立了小块土地细册：这份文件描述了土地所有权的状态。

此外，拿破仑建立了现代军事制度。他推动了现代军事变革，建立了“全民动员”的战争体制，实施全民征兵制，彻底改变了以前的雇佣军制度，将整个国家动员投入战争。在拿破仑统治时期，军队规模大大扩大，法国军队人数达到 300 万人。他领导的军队先后打败了 5 次反法同盟，大大扩大了法国的领土版图。1810 年，法国元老院为了纪念拿破仑的军功树立了旺多姆圆柱，模仿罗马的图拉真圆柱而修建，这些青铜来自拿破仑在奥斯特里茨大战胜利后俘获的1250门大炮，圆柱上描绘着拿破仑45个战役的事迹，柱顶竖立的拿破仑铜像，头戴罗马皇帝的桂冠，右手持权杖，左手持象征地球的雕塑，显示出征服欧洲、称霸世界的雄心。1814年波旁王朝复辟后，拿破仑雕像被拉下并熔化，用做亨利四世雕像的青铜材料。七月王朝时期，又重新树立起来一个新的拿破仑雕像。后巴黎公社通过法令，拆除了旺多姆圆柱。巴黎公社被推翻后，旺多姆圆柱和拿破仑雕像又被重新树立起来。

最后，政教关系上推动世俗化。拿破仑对于宗教的看法十分功利主义：对他而言，宗教是建立秩序、使人们服从权威的一种手段。此外，与教堂的和解也削弱了保王党反对派，因其剥夺了教会对于保王党的支持。这一和解使其在1801年7月15日与教皇签订了政教协议。法国取缔了《教士公民组织法》，该法案于1790年采纳，使得教会屈从于政府。该法案曾引发与教会的冲突，并导致教士的分裂（立宪派教士与拒绝宣誓的教士）。这一分裂最终通过由国家首脑任命一名新的主教而得到克服。然而，政教协议确认了革命的重要原则：信仰自由，政教分离，教会放弃被征用的财产。

拿破仑的一系列改革完成了国家与社会现代化的举措。革命对于旧制度秩序的摧毁，使得这些改革得以在一个“空白的”空间中展开。这些改革是由政府“自上”主导的，与代议制相比，政府有权以更为高效、更能自由决定的方式出台法规，人们把这一体制称为“开明专制”。

3. 拿破仑传奇：人民崇拜的伟大领袖

在滑铁卢战败后，拿破仑皇帝被迫流放到大西洋的圣赫勒拿岛，饱受英军折磨，最终于1821年5月5日因病逝世。在其生命的最后阶段，拿破仑在《圣赫勒拿岛回忆录》中描述了自己的意愿，他希望建立一个“由诸王国联合而成的共和国”，而法国将通过传播革命的原则获得再生。他的帝国方案是其政治意愿的延伸：将大革命平等的遗产与保障权威的君主制形式结合起来。他将其失败归因于英国拒绝加入欧洲的联盟，以及欧洲的老君主国对推行革命原则的改革的拒斥，是旧欧洲对抗共和国导致其失败。拿破仑的传奇一生落下了帷幕。拿破仑在遗嘱中写道：“我愿把我的骨灰洒在塞纳河中，与我深深热爱的法兰西人民永远在一起。”他的亲信们想把他的遗骸魂归故里，但是由于英国和欧洲封建君主们的恐惧，这一要求被拒绝了。

拿破仑缔造了一个传奇。路易·波拿巴的主要资本无疑是他的姓氏，将他与伯父的丰功伟业联系在一起。法国历史学家勒菲弗尔在他的著作《拿破仑时代》是这么评价的：“虽然拿破仑的个人壮志未酬，他的所作所为却留下了深刻的痕迹。在法国，革命后的新国家尚未定型，拿破仑给了它一整套行政机构，这显然是大师的杰作。……拿破仑摧毁旧制度并把现代社会秩序的各项原则传入欧洲，人民主权原则的宣布，浪漫主义的传播、民族的觉醒，拿破仑进行的领土调整和种种改革促进了这种觉醒。”①

拿破仑时代的法国是一个农民占多数的国家，85%的居民

① 〔法〕乔治·勒菲弗尔：《拿破仑时代》（下册），商务印书馆2015年版，第734页。

生活在农村。农业是这个国家的主要经济来源。通过拿破仑的一系列改革，农民的田产增加了，土地登记制度使这一扩张得到了确认。封建税制取消了，税收更加趋于合理化。[①] 在官方打造下，“人民的拿破仑”的形象深入人心。一幅名为《拿破仑探望布里埃纳附近的农妇》的画作很好地表现了他对农民充满了关心：“陛下前一天询问起一位住在林中茅屋内的好心农妇的情况。陛下在军校短暂的学习期间，曾有几次到她的住处要牛奶喝。当得知她还健在，陛下独自去探望了她。陛下问她是否还记得波拿巴。一听到这个名字，这个好心的农妇就跪在了皇帝跟前。陛下极其亲切地将其扶起，问她能给皇帝提供些什么。她回答说，牛奶和鸡蛋。陛下尝了两个鸡蛋，直到女主人相信其好意才离开。”对拿破仑制度的宣传来说，这个老妇人有着象征的价值。[②]

在拿破仑去世后，他的丰功伟绩成为了传说，在法国社会流传着各种各样的“拿破仑传奇”。这股热潮在那些宣扬繁荣和荣耀传奇的小册子里一直持续着，尤其对农村地区具有特别的吸引力，这些宣传越来越远离历史真实，成为人民想象的投射。正如勒菲弗尔所说：“关于拿破仑传说之保留了他的成就的一面。事实上他越来越敌视大革命，然而，人民的想象却把他塑造成大革命的英雄；他曾梦想建立一个世界帝国，然而，在法国人看来他依旧是自然疆界的保卫者，欧洲的自由主义者

---

① 参见〔法〕让·蒂拉尔：《拿破仑时代法国人的生活》，上海人民出版社 2007 年版，第 4 页。

② 参见〔法〕让·蒂拉尔：《拿破仑时代法国人的生活》，上海人民出版社 2007 年版，第 8 页。

则把他看成反对神圣同盟帝王们的各民族的捍卫者；他曾建立最严峻的专制统治，然而，人们却打着他的旗号去反对君主立宪的波旁王朝；他是浪漫主义者崇拜的偶像，然而，就其思想方法和对文学艺术的兴趣而言，他却眷恋于纯粹的古典主义；从政治和民族的观点来看，这种含混的传送后来使法国又出现了拿破仑三世。”①

七月王朝时期，路易·菲利普等人深感拿破仑在民众中的深刻影响，尝试通过建立与拿破仑的联系使自己受益。1833年，伟大皇帝的塑像被重新树立在旺多姆圆柱的顶端。1836年，庆祝帝国军队辉煌战功的凯旋门竣工。1840年，在路易·菲利普的请求下，英国终于同意将拿破仑遗体归还法国。菲利普的儿子茹安维尔亲王迎回灵柩，拿破仑一世的遗骸从圣赫勒拿岛迎接回归法国，安息到巴黎荣军院。如潮的人群观看了这个仪式，无数的民众期待着他们的皇帝归来。昔日帝国们的士兵和军官冒着严寒参加了葬礼，20万人参加了送葬队伍，很多老近卫军参加了葬礼，当灵柩经过时候，他们穿着整齐的军装持枪立正，向这个带领他们征战二十年光辉征程的元帅致敬。年迈的帝国元帅蒙塞把圣水洒向灵柩，说“我终于可以死而瞑目了”。

二、小拿破仑与现代国家的变异

路易·拿破仑·波拿巴是马克思这部著作的主角，他是拿

① 〔法〕乔治·勒菲弗尔：《拿破仑时代》（下册），商务印书馆2015年版，第734页。

破仑·波拿巴的侄子，其父是拿破仑的弟弟，其母是拿破仑的继女博阿尔内，他在1808年出生于法国巴黎，少年时代成长于瑞士。1815年，拿破仑兵败滑铁卢，波拿巴家族成员被迫流亡他国。由于其长兄和堂兄分别在1831年和1832年去世，依照拿破仑在位时制定的帝位继承顺序，他成为了波拿巴王朝的下一代继承人。路易·波拿巴是法国第一个普选产生的共和国总统，也是最后一个君主。

1. 对拿破仑帝国的模仿

在七月王朝时期，第一帝国时期漫无止境的战争所带来的创痛似乎在很大程度上被忘却了。对许多人来说，帝国时代与波旁复辟、七月王朝时期的贫穷和政治混乱形成了鲜明的对比，法国各地陆续出现波拿巴主义运动。路易·波拿巴竭尽全力利用拿破仑传奇，在帝国退伍军人中进行传播。正是在社会力量的支持下，他曾两次发动暴乱，尝试恢复伯父旧日的辉煌。1836年10月，路易·波拿巴效仿伯父从厄尔巴岛重返法国，企图煽动斯特拉斯堡的驻军，结果，驻军不但没有投靠路易·波拿巴，还逮捕了他。路易·菲利普最终决定将其流放国外。1840年8月，路易·波拿巴又故伎重演，他和50个雇佣兵一起在滨海布伦秘密上岸，准备煽动当地驻军。结果，又被国家宪兵发现。双方交火开战，路易·波拿巴中弹受伤，再次被捕，并被判终身监禁。1846年5月，他乔装打扮成石匠，逃出了堡垒，流亡到英格兰。虽然这两次政变都以失败而告终，但这些冒险行动广为人知，确立了其声望，以至于后来有人给路易·波拿巴取了一个绰号叫作“布斯特拉巴”，由布伦、斯特拉斯堡、巴黎三个城市名称的第一个音节组成，暗指他曾经企图在斯特拉斯堡（1836年10月30日）、布伦（1840年8月6日）举行的暴乱，以及在巴黎（1851年12月2日）举行的政变。马克思对这种模仿十分鄙夷，他写道："在进攻斯特拉斯堡时，一只受过训练的瑞士兀鹰就扮演了拿破仑之鹰的角色。当他在布洛涅登陆时，他给几个伦敦仆役穿上了法国军装，于是他们就俨然成了军队。"[①] 他不认为路易·波拿巴具备了伯父的德行和智慧。

1848年二月革命后，七月王朝被推翻了。路易·波拿巴终于回到法国。但回国后，临时政府又将其驱逐到英国。他在此期间自愿参加了英国的特别警察部队，镇压英国宪章运动。同年4月，他又重新回国并获选议员，并开始正式登上法国的政治舞台。1848年宪法正式颁布后不久，路易·波拿巴便发出了竞选总统的声明，积极开展竞选活动，与卡芬雅克、赖德律·洛兰等候选人激烈角逐。12月10日，全体男性公民直接选举总统，波拿巴意外地当选为法国历史上第一个共和国总统。此次选举，他共获得了5434226票，约占总票数的3/4。他的支持者主要来自于法国人数最多的阶层——农民。农民认为波拿巴能像他的伯父一样，重振法国的声威，稳定动荡不安的局势。这个选举结果是许多政治精英始料未及的。

虽然路易·波拿巴当选了总统，但他上任后首先要面对的就是由共和派及秩序党人操控的议会，波拿巴派在议会中的声

① 马克思著，中央编译局译：《路易·波拿巴的雾月十八日》，人民出版社2001年版，第61页。

音是非常弱小的。在他上任初期，十分小心谨慎地任命秩序党成员，避免和保守派发生冲突。在随后的 3 年中，总统与议会之间权力关系愈发紧张，立法权与行政权屡次爆发冲突。波拿巴紧紧抓住普选权问题，调动民众的激情，揭露和攻击议会，最终在 12 月 2 日发动了政变。政变后，波拿巴主导举行了公民投票，结果赞成票为反对票的 10 倍多，政变得到了人民的批准与认可。新的制宪委员会颁布了 1852 年新宪法，授予总统相较于 1848 年宪法强得多的权力，让总统几乎成了无冕之王。1852 年 11 月 20 日至 21 日，在全国举行了一次公投。结果，97％的人都支持路易·波拿巴称帝，他正式建立了法兰西第二帝国，封号为“拿破仑三世”。从路易·波拿巴的政治经历来看，伯父是其最大的政治资源。

1839 年，在路易·波拿巴 31 岁流放国外的时候，他出版了《拿破仑观念》（Les Idées napoléoniennes）一书。在这部书中，他对伯父的治国理政思想进行了整理，对“波拿巴主义”进行了全方位的阐释。该书一共分为 7 个章节，包括政府总论、观念总论、内政问题、对外问题、帝国的目标、帝国衰落的原因等。他在书中将拿破仑和古罗马皇帝恺撒相类比，认为他们都将新的原则赋予旧的政治形式。面对旧社会，拿破仑的任务是重新团结国内力量，按照平等、秩序和法治的原则重组国家，以此应对和解决政党的分裂、宗教内部的分裂、学术团体内部的分裂，建立全新的现代社会秩序。拿破仑要建立的是一个不同于贵族制的民主国家，行政首脑代表人民掌握政府权力，权威仅从他一人而出。帝国的行政机构按照中央集权的原则来组织，良好的治理必须包括：固定的税收制度；保证公共储蓄的财政制度；受人尊敬的地方行政长官和司法体系；完备的行政机器。路易·波拿巴总结到，拿破仑帝国是一部与旧欧洲体系交战的历史。可惜的是，旧欧洲的体制胜利了。然而，尽管拿破仑衰落了，但是拿破仑观念却在欧洲各地萌芽成长。帝国之所以衰落，一方面是因为拿破仑在完成这些杰作的时候过于急促，如果给予时间和人力，拿破仑将会更加成功；另一方面是法国的竞争者们采取压制策略，法国缺乏时机巩固同盟，结果遭到了背叛。尽管拿破仑失败了，但是他的思想仍然是值得继承发扬的。拿破仑观念不是战争，而是社会、产业和商业的理念，是关系全人类的正确理念。

在 1840 年政变失败后监禁在阿姆堡期间，路易·波拿巴撰写名为《消灭贫困》（L'extinction du paupérisme）的小册子。在书中，他声称自己要成为进步主义的皇帝，推行温和的社会主义经济政策，并把自己的思想体系称为"波拿巴主义"。在这本书中，他对劳工问题发表了很多见解。例如，"工人阶级一无所有，应该使它成为有产者，它除了自己的双手以外，别无财富，应该使这些工作以利于大家。在骄奢淫逸的人们中它是贱民。应该给它社会地位，让他们的利益和土地的利益相联系。它无组织、无联系、无权利、无未来，应该给它以权利和未来，通过结社、教育和纪律使之知道自己的价值。"在 1848 年的总统大选中，波拿巴让追随者大量印刷和散布这本小册子，以此捞取工人的选票。[①] 波拿巴认为自己和资产阶级不同，他自命为农民和一般人民的代表，想使人民中的下层阶

① 参见孙娴：《法兰西第二共和国史》，社会科学文献出版社 1995 年版，第 163 页。

级在资产阶级社会的范围内得到幸福。于是就有一些预先抄袭“真正的社会主义者”的治国良策的新法令出现。

路易·波拿巴的声誉远远不如他的伯父。马克思十分瞧不起这个总统和皇帝，认为他是一个对革命者心狠手辣的无耻政客，对拿破仑帝制复辟进行了拙劣可笑的模仿。“他这个老奸巨猾的痞子，把各国人民的历史生活和他们所演出的大型政治历史剧，都看作最鄙俗的戏剧，看作专以华丽的服装、辞藻和姿势掩盖最卑鄙的污秽行为的化装舞会……只有当他战胜了盛装的敌人，并且认真演起自己的皇帝的角色，戴上拿破仑的面具装作真正的拿破仑以后，他才会成为他自己的世界观的牺牲品，成为一个不再把世界历史看作喜剧而是把自己的喜剧看作世界历史的认真的丑角。”①

2. 国家与社会的对立

“只是在第二个波拿巴统治时期，国家才似乎成了完全独立于社会并对它进行奴役的东西。”这是马克思对1848年革命后现代国家作出的精辟评价。他认为，在这一时期，国家机器

① 应该看到，拿破仑三世统治的时期，恰恰是法国国家现代化的关键时期。产业迅速实现了现代化，经济步入繁荣。某种程度上已经实现了“法兰西民族的伟大复兴”。拿破仑三世始终将“经济目标清楚地摆在第一位”，通过促进自由贸易、降低贷款利息、基础设施建设、打破贸易壁垒，确保了国内经济的稳定发展。他下令对巴黎进行了大幅度改造，采用奥斯曼男爵主持的计划，提升了巴黎的卫生状况和生活质量，建造了现代化的污水处理系统、设计出了一种新型住宅模式、修复了众多在大革命期间遭到破坏的著名中古建筑，并在全市兴建公园，最终使巴黎成为了一个由林荫大道和绿地公园组成的城市。在外交领域，拿破仑三世推行积极主动的外交政策，在欧洲范围内重建法国的影响力。他在罗马部署军队，防范意大利吞并教皇国。并与英国有竞有合，建立了法兰西殖民帝国。然而，最终由于外交战略和军事决策的失误，法国和普鲁士爆发了普法战争，最终拿破仑三世在色当会战中被普军俘虏，第二帝国走向了覆亡，被第三共和国替代。在战争后，德意志帝国完成统一和建国，迅速取代了法国在欧陆强权霸主的地位。马克思著，中央编译局译：《路易·波拿巴的雾月十八日》，人民出版社2001年版，第62页。

已经巩固了自己的地位，与市民社会发生了断裂，法国陷入了持久的奴役状态。在这样的环境下，行政权具有明显的独立性，这时它的首脑不再需要天赋，它的军队不再需要声誉，它的官僚不再需要道义上的权威，便可以合法存在。波拿巴使得整个国家机器失去圣光，渎犯它，使它成为可厌又可笑的东西。

第一，国家成了完全独立于市民社会的寄生机体。“这个行政权有庞大的官僚机构和军事机构，有复杂而巧妙的国家机器，有50万人的官吏队伍和50万人的军队。”这支50多万人组成的官吏大军，“也就是经常和绝对控制着大量的利益和生存；在这里，国家管制、控制、指挥、监视和监护着市民社会——从它那些最广大的生活表现起，直到最微不足道的行动止，从它的最一般的生存形式起，直到个人的私生活止；在这里，这个寄生机体由于非常的中央集权而无处不在，无所不知，并且极其敏捷、极其灵活，同时现实的社会机体却又是极无自动性、极其软弱、极不固定；在这样一个国家里，十分明显，国民议会如果不同时简化国家管理，不尽可能缩减官吏大军，最后，如果不让市民社会和舆论界创立本身的、不依靠政府权力的机关，那么它一旦失掉分配阁员位置的权限，也就失掉任何实际影响了。”马克思观察到：“法国资产阶级的物质利益恰恰是和保持这个庞大而分布很广的国家机器最紧密地交织在一起的。它在这里安插自己的多余的人口，并且以国家薪俸形式来补充它用利润、利息、地租和酬金形式所不能获得的东西。另一方面，资产阶级的政治利益又迫使它每天都要加强压制，即每天都要增加国家政权的经费和人员，同时又不断地进行反对社会舆论的战争，并由于猜疑而去摧残和麻痹独立的社会运动机关，如果不能把它们根本割掉的话。”①

第二，公共权力被特别的党派政治力量所操控。在马克思看来，法国人民选举路易·波拿巴当选共和国总统实在是巨大的讽刺。“波拿巴是流氓无产阶级的首领，他只有在这些流氓无产者身上才能重新找到他自己的个人利益的大量反映，他把这些由所有各个阶级中淘汰出来的渣滓、残屑和糟粕看作他自己绝对能够依靠的惟一的阶级，这就是真实的波拿巴，不加掩饰的波拿巴。”12 月 10 日会是波拿巴特有的一种党派政治力量；该组织成立于 1849 年，因路易·波拿巴在 1848 年 12 月 10 日当选为共和国总统而得名，是波拿巴派的秘密团体。“它名义上是个慈善会，实际上是由巴黎流氓无产阶级组成的一些秘密宗派，每一个宗派都由波拿巴的走狗们领导，总领导人是一个波拿巴派的将军。在这个团体里，除了一些生计可疑和来历不明的破落放荡者，除了资产阶级中的败类和冒险分子，就是一些流氓、退伍的士兵、释放的刑事犯、逃脱的劳役犯、骗子、卖艺人、游民、扒手、玩魔术的、赌棍、私娼狗腿、妓院老板、挑夫、下流作家、拉琴卖唱的、拣破烂的、磨刀的、补锅的、叫花子，一句话，就是被法国人称作浪荡游民的那个完全不固定的不得不只身四处漂泊的人群。波拿巴把这些跟他同类的分子组成十二月十日会即‘慈善会’的核

① 马克思著，中央编译局译：《路易·波拿巴的雾月十八日》，人民出版社 2001 年版，第 102、49 页。

心。”“十二月十日会属于他，它是他创造出来的，是完全出自他自己的主意。”① 该组织虽然在 1850 年因被举报有可能暗杀尚加尔涅将军和国民议会议长杜班而准备遭到调查，被波拿巴提前解散了。但是，其党羽仍然在进行地下活动，并积极参加了 1851 年 12 月 2 日的政变。

第三，军队变质变节成为政治的牺牲品。波拿巴为了争取军队的支持，通过各种方法收买军心，争取支持力量。最典型的事件莫过于波拿巴举行军人宴会，以及在圣莫和萨托里举行的两次阅兵。马克思看到：“他是一个宿命论者，相信有某种不可抗拒的力量是人们特别是军人们所抵抗不住的。而首先被他列入这种力量的就是雪茄烟和香槟酒，冷盘禽肉和蒜腊肠。所以他一开始就在爱丽舍宫的大厅里用雪茄烟、香槟酒、冷盘禽肉和蒜腊肠款待了军官和军士。”在波拿巴举行的两次阅兵中，他都对军队采取了这样的方法，赢得了士兵们的好感。一部分骑兵在萨托里阅兵时候，高呼“拿破仑万岁！腊肠万岁！”“他从法兰西银行窃取了 2500 万法郎，用 100 万法郎收买了马尼昂将军，用 15 法郎加烧酒收买一个个士兵。”② 由此可见，波拿巴的势力已经渗入了军营。以至于军队好像分裂为两个敌对的阵营，有两个敌对的总参谋部，一个在波拿巴的官邸爱丽舍宫，另一个在尚加尔涅的官邸杜伊勒里宫。在秩序党和波拿巴的斗争中，军权最终落入了波拿巴之手。秩序党既失去了武

① 马克思著，中央编译局译：《路易·波拿巴的雾月十八日》，人民出版社 2001 年版，第 61、60—61、62 页。

② 马克思著，中央编译局译：《路易·波拿巴的雾月十八日》，人民出版社 2001 年版，第 63、96 页。

器又失去了士兵。在波拿巴的政变中，军队发挥了至关重要的作用。军队占领了巴黎各重要据点和议会大厦，第二天一早就在各处墙上张贴广告般的启示，宣告国民议会和国务会议已被解散。

第四，国家成为发财致富的工具。马克思对波拿巴派的流氓无产阶级的意图十分了解。他对拿破仑的经济社会政策批判到：在看到铁路承租权有利可图的时候，知悉秘密的人在交易所进行承租权上的投机。但是建设铁路的资本又没有。“于是就强令银行以铁路股票作抵押来发放贷款。但是银行同时应该由波拿巴本人来经营，因此就应该优待银行。于是银行就免除了公布每周结算的义务，它和政府订立了只对它有利的契约。人民应该有工作，于是就举办公共工程。但是公共工程增加人民的税金。因此必须对食利者下手，把利息由五厘改为四厘五，以此来减低税额。但是必须再给中间等级一些甜头；因此零买酒喝的大众的葡萄酒税增加了一倍，而大批买酒喝的中间等级的酒税却减低了一半。”①

第五，政变后的帝国成为资本奴役劳工的纯粹形式。“这个以政变为出生证书，以普选为批准手续，而以宝剑为玉笏的第二帝国，声称它倚靠农民阶级，即倚靠没有直接卷入劳资斗争的广大生产者群众。它声称它以破坏议会制度，从而破坏政府对有产阶级的公开屈从状况而拯救了工人阶级。它声称它以支持有产阶级对工人阶级的经济统治而拯救了有产阶级。末

① 马克思著，中央编译局译：《路易·波拿巴的雾月十八日》，人民出版社 2001 年版，第 114 页。

了，它还声称它已经把一切阶级团结到复活了的国家荣誉的幻想周围。事实上，帝国是在资产阶级已经丧失治国能力而工人阶级又尚未获得这种能力时唯一可能的统治形式。全世界都欢迎这个帝国，认为它是社会救主。在它的统治下，资产阶级社会免除了各种政治牵挂，得到了甚至它自己也梦想不到的高度发展。工商业扩展到极大的规模；金融诈骗庆祝了自己纵横世界的欢乐；民众的贫困，在卑鄙无耻的骄奢淫佚的景象对照下，显得格外刺目。看来高高凌驾于社会之上的国家政权，实际上正是这个社会的莫大耻辱，是一切龌龊事物的温床。普鲁士本来渴望把这种统治制度的重心从巴黎移到柏林去，而它的刺刀却把这个国家政权的以及由这个政权拯救了的社会的全部腐朽性尽行揭穿了。帝国制度是那由新兴资产阶级社会作为摆脱封建制度的工具建立起来，尔后又由已经充分发展的资产阶级变成了资本奴役劳动的工具的国家政权的最淫贱和最后的形式。”①

三、波拿巴主义国家

通过对两个拿破仑的论述，我们可以看到，在19世纪，人类历史上产生了一种新的国家形态，即资本主义国家，它的典型脱胎于近代的绝对君主制，成形于法国大革命后的拿破仑帝国，在路易·波拿巴的时代变异为与社会相对立的寄生机体，一种奇特的政治怪物诞生了——“波拿巴主义”类型的资本主义国家。

---

① 《马克思恩格斯全集》第17卷，人民出版社1963年版，第357—358页。

马克思在《雾月十八日》中对波拿巴主义的实质进行了深刻的分析。他指出波拿巴制度的特征是：在各阶级之间进行见风使舵的政策、国家政权的表面独立、蛊惑性地向社会各基层呼吁以掩盖它的维护上层剥削分子利益的行为、利用军队中最反动的分子作为主要支柱。在政变之后，马克思曾对波拿巴专政进行了多次批评，撰写了《对波拿巴的谋杀》《波拿巴的目前状况》《马志尼和拿破仑》等文章。他进一步揭露了波拿巴专政的一般特点，即：公开的资产阶级专政，军阀的把持，群众性的政治恐怖，普遍的贪污腐化，盗窃国库，骇人听闻的投机勾当，以及为了转移劳动人民对国内政策问题的注意而在对外政策方面采取的冒险行动。他批判路易·波拿巴建立的“第二帝国制度是警察恐怖、投机倒把、军阀和无耻的冒险分子横行的王国，指出这一制度所使用的大量政治手段中包括讹诈、收买、露骨的煽惑、对民族运动和革命运动采用表面讨好和玩弄两面派手法、用小恩小惠腐蚀某些社会阶层、利用刑事犯罪分子等等。”① 总体来看，波拿巴专政有以下几个特征。

1. 超越党派政治的相对自主性

这种资本主义国家的一个主要特征体现为政治权力的相对自主性。换言之，波拿巴专政是靠在各个阶级之间的随机应变，建立在各个阶级之间投机取巧的基础上，体现出一种政治权力超越左右党派、阶级政治之上的相对自主性。恩格斯在1866年给马克思的一封信上写道：“因为波拿巴主义是现代资

① 《马克思恩格斯全集》第14卷，人民出版社1964年版，第XVI—XVII页。

产阶级的真正的宗教。我愈来愈清楚地看到，资产阶级没有自己直接进行统治的能力，因此，波拿巴式的半专政就成了正常的形式；这种专政维护资产阶级的巨大的物质利益，甚至达到违反资产阶级的意志的程度，但是，它不让资产阶级亲自参加统治。”而波拿巴主义意味着，为了维护资产阶级的经济利益，有可能损害资产阶级的政治利益。路易·波拿巴一方面独立于资产阶级，但同时又与法国资产阶级最贪婪、无耻的成分保持着千丝万缕的联系。

马克思写道：“路易·拿破仑胜利的全部秘密就在于，他是依靠同他的名字相联系的传统才得以在一个短时期内保持住法国社会中相互斗争的阶级之间的均势。”① 波拿巴虽然“是一个浪荡人，是一个骄横的流氓无产者，他比无耻的资产者有一个长处，这就是他能用下流手段进行斗争”。② 他通过拉一派打一派，在工业和金融资本家、小资产阶级、农民和无产阶级之间周旋，娴熟使用这种“波拿巴平衡术”获得了独立的权力。尤其是在和立法权的斗争中，波拿巴对议会时而软弱示好，时而强硬，不断解散内阁，分化瓦解秩序党人。在表面上，他“公开地对资产者大打其关于秩序、宗教、家庭、财产的官腔，暗地里却依靠着舒夫特勒和斯皮格尔勃一流人的团体，依靠着无秩序、卖淫和偷窃的团体，这是波拿巴的本色，而十二月十日会的历史便是他本人的历史”。③

① 《马克思恩格斯全集》第 8 卷，人民出版社 1964 年版，第 249 页。

② 马克思著，中央编译局译：《路易·波拿巴的雾月十八日》，人民出版社 2001 年版，第 70 页。

③ 《马克思恩格斯全集》第 8 卷，人民出版社 1961 年版，第 175 页。

在对付议会的时候，波拿巴不断组织新的内阁来搅乱国民议会。时而要组织拉马丁和比约参加的共和党内阁，时而表示要组织巴罗参加的议会制内阁，时而又要正统派内阁，时而又要奥尔良派内阁。使秩序党各派之间处于一种紧张状态："这个人所负的这种充满矛盾的使命，就可以说明他的政府的各种互相矛盾的行动，这个政府盲目摸索前进，时而拉拢这个阶级，时而又拉拢另一个阶级，时而侮辱这个阶级，时而又侮辱另一个阶级，结果使一切阶级一致起来和它作对。"① 结果，正是在这种平衡术之中，工人阶级和小农之间、金融资产阶级和土地资产阶级、贵族和资产阶级之间日渐相互隔绝。通过削弱中间介质，国家权力获得了相对自主性，独立于各阶级之上，为中央集权的扩大铺平了道路。

恩格斯写道："波拿巴主义在下面这样的国家中是必然的国家形式，那里的工人阶级在城市中达到了高度的发展水平，但是在农村却被小农在人数上所压倒，它在伟大的革命战斗中被资本家阶级、小资产阶级和军队打败了。在法国，巴黎工人在1848年6月的大战中遭到了失败，而资产阶级由于这次胜利也弄得精疲力竭。它意识到，它不能再经受一次这样的胜利。名义上它还在统治，但是它的统治又太软弱无力。军队——真正的胜利者——上升到了第一位，它所依靠的是主要为它补充兵员的那个阶级，即希望不受城市煽动者扰乱的小农。这种统治的形式当然是军事独裁，它的天然的领袖是它的

① 马克思著，中央编译局译：《路易·波拿巴的雾月十八日》，人民出版社2001年版，第113页。

天生的继承者路易·波拿巴。”①

波拿巴主义对工人和资本家的态度的特点是：它阻止他们互相攻击。这就是说它保护资产阶级不受工人的暴力进攻，鼓励两个阶级之间微小的和平冲突，而在所有其余方面则不准它们有丝毫反抗。既没有结社权，也没有集会权，更没有出版自由；有普选权，然而是在一种官僚制度压迫下的普选权，反政府的选举几乎是不可能的；再就是警察的横行霸道，这种横行霸道甚至在警察国家的法国也从来没有见到过。除此以外，还直接收买资产阶级和工人当中的某一部分人，收买第一种人所使用的手段是大量的贷款欺骗，小资本家的钱由于这样的欺骗而跑进大资本家的口袋；收买第二种人所使用的手段是大量的国家建设工作，这样的工作除去集中了天然的、独立的无产阶级以外，还在大城市里集中了人为的、与帝国有联系的、从属于政府的无产阶级。在这样的政府统治下，不论工人还是资产阶级所能得到的最多不过是：它们在斗争中得到喘息机会，工业——在其他有利条件下——猛烈发展，从而为新的更激烈的斗争创造因素，在这种喘息不再需要的时候，斗争将立即爆发。如果希望工人从政府那里能够得到更多的东西，那就最愚蠢不过了，因为这个政府正是为了制止工人反对资产阶级而存在的。

长期以来，人们对马克思的国家理论，一直以来存在不少误解，忽略了国家权力的这种相对独立性。马克思主义政治学家普兰查斯特别把马克思的观点和把国家看作是统治阶级的工

① 《马克思恩格斯全集》第16卷，人民出版社1964年版，第79—80页。

具的那种简单化、庸俗化的概念之间做了区分。他认为，国家总的说来只是统治阶级的一种简单工具，这一甚至整个错误的概念，对于理解资本主义国家作用，是毫无用处的。由此可见，波拿巴主义专政意味着，资本主义国家并不是简单的资产阶级统治的工具，而是表现出一种国家权力具有一种调停的特性。实际上，恩格斯在《家庭、私有制和国家起源》中也明确谈到了这种相对的独立性："由于国家是从控制阶级对立的需要中产生的，同时又是在这些阶级的冲突中产生的，所以，它照例是最强大的、在经济上占统治地位的阶级的国家，这个阶级借助于国家而在政治上也成为占统治地位的阶级，因而获得了镇压和剥削被压迫阶级的新手段。但也例外地有这样的时期，那时互相斗争的各阶级达到了这样势均力敌的地步，以致国家权力作为表面上的调停人而暂时得到了对于两个阶级的某种独立性。十七世纪和十八世纪的专制君主制，就是这样，它使贵族和市民等级彼此保持平衡；法兰西第一帝国特别是第二帝国的波拿巴主义，也是这样，它唆使无产阶级去反对资产阶级，又唆使资产阶级来反对无产阶级。"①

2. 形式民主与普遍选举

这种资本主义国家的第二个特征就是合法性来源的塑造，它通过一整套政治组织和意识形态作用，使其以人民利益的代表者的面貌出现，并使自己成为国家统一的化身。马克思写道："因为国家是属于统治阶级的各个个人借以实现共同利益的形式，是该时代的整个市民社会获得集中表现的形式，因此

① 《马克思恩格斯全集》第 21 卷，人民出版社 1965 年版，第 196 页。

可以得出一个结论：一切共同的规章都是以国家为中介的，都带有政治形式。由此便产生了一种错觉，好像法律是以意志为基础的，而且是以脱离现实基础的自由意志为基础的。同样，法随后也被归结为法律。”① 马克思没有把资本主义国家特征简单归结为“民主政体”。他注意到，专制和平等神秘地联结到了一起，呈现出现代国家的新特点。在 1848 年革命后，中央集权与人民主权奇妙地整合在一起，成长为一头庞大的巨兽。换而言之，不是专制与民主的对立，而是专制与民主的奇妙融合，才是现代资本主义国家的核心特点。

资本主义国家的合法性原则来源于这样一种事实：它以全国人民统一的形式出现，这种人民主权体现为一种政治上的个体公民组成的整体。波拿巴主义体现为选举权的扩大，国家以全体人民统一的面貌而出现。由于波拿巴是通过普选产生的，他比压制普选的秩序党要更具有代表性。在波拿巴和议会的斗争中，他紧紧抓住普选权问题，调动民众攻击议会。马克思认为，1848 年宪法赋予了总统过大的权力。他有权不经国民议会而任免自己的内阁阁员，他掌握行政权的一切手段，他可以分封一切官职，从而在法国操纵着至少有 150 万人的命运，因为有这么多人在物质生活上依靠于 50 万各级官吏和各级军官。他统率一切武装力量。他享有赦免个别罪犯、解散国民自卫军以及——经国务会议同意——罢免由公民自己选出的省委员会、县委员会、市镇委员会的特权。同外国缔结条约时，他具有倡议和领导的作用。

① 《马克思恩格斯全集》第 3 卷，人民出版社 1956 年版，第 70—71 页。

1848 年宪法中关于普选权的制度设计赋予了总统实质的权力。1848 年 3 月 5 日，临时政府的一项法令确立了直接的普遍选举。从此，所有年满 21 岁的男子在没有任何能力或税金限制的情况下应召去选举他们的议员。临时政府的宣言写道："我们已经制定的临时选举法是最为广泛的选举法。地球上从未有过一个民族召集人民去行使人类的最高权力——它自身的主权。选举无一例外地属于所有的人，从这项法律开始，无产者在法国不复存在。"① 在 1848 年宪法中，规定了总统和议会通过普选产生。马克思注意到："全法国的选票是分散在 750 个国民议会议员之间，可是在这里选票就集中在一个人身上。每一单个人民代表不过是某个政党、某个城市、某个桥头堡的代表，甚至只是表示必须选出一个人来凑足 750 个人民代表，人们并不去特别注意事情本身和被选举者本人，可是总统是由全国人民所选出的，选举总统是行使主权的人民每四年运用一次的王牌。民选的国民议会和国民只有形而上学的联系，而民选的总统却和国民发生个人联系。国民议会的确通过它的各个代表反映着国民精神的多种多样的方面，而总统却是国民精神的化身。和国民议会不同，总统是一种神权的体现者，他是人民恩赐的统治者。"②

然而，1848 年宪法的设计者们却没有料到，在第二共和国的总统大选中，人民选出了流亡国外多年的破落户路易·波

① 〔法〕罗桑瓦龙著，吕一民译：《公民的加冕礼：法国普选史》，上海世纪出版集团 2005 年版，第 224 页。

② 马克思著，中央编译局译：《路易·波拿巴的雾月十八日》，人民出版社 2001 年版，第 24 页。

拿巴，而放弃了卡芬雅克、赖德律·洛兰等政治家。在 1848 年 12 月 10 日的总统选举中，路易·波拿巴共获得了 5434226 票，占到总投票数的 3/4，遥遥领先于其他竞争对手。路易·波拿巴是民主竞选的行家，他对民意的恐惧和需求十分了解。他在竞选时候许下诺言，答应改善小学教师的境遇，答应农民取消 45 生丁税。在农村地区，路易·拿破仑·波拿巴深受广大民众欢迎。一首歌谣在农村广为流传，歌词是："假如你们希望流氓，那么你们就应委任拉斯帕伊。假使你们要一个坏蛋，那么你们就选赖德律—洛兰。假如你们赞成阴谋诡计鬼花样，那就任用卡芬雅克。如果希望一个好人，那就选举路易—拿破仑。"① 波拿巴在选举之前还不断动员各君主派，又拉拢宗教势力，获得了奥迪隆·巴罗和梯也尔支持。此外，他还在注意拉拢巴黎和外省的次要人物，争取外省报刊的支持。12 月 2 日的选举结果对资产阶级来说犹如晴天霹雳。

资产阶级议会多数派更没有想到，修改普选权的做法激发了民众难以克制的愤怒，使波拿巴俨然成为人民主权的捍卫者。为了防止重蹈 3 月 10 日山岳党得票过高的覆辙，议会多数派在 1850 年 5 月 31 日通过了新的选举法。该法案规定，在固定居住地居住 3 年以上并直接纳税的人才有表决权。此项法案使 300 多万选民丧失了选举权，实际上废除了普选权。并且，选举人必须在他们所在的选区内居住 3 年，工人在选区的居住年限应该由他们的雇主来做证。马克思指出："1850 年 5 月 31 日的选举法根本剥夺了无产阶级参政的权利，甚至断绝

① 孙娴：《法兰西第二共和国史》，社会科学文献出版社 1995 年版，第 165 页。

了他们接近战场的机会。这个法律使工人回复到他们在二月革命以前所处的贱民地位。”① 按照规定，共和国总统的当选至少要 200 万票才算有效，当制宪议会制定 1848 年宪法的时候，选民册中共有近 1000 万选民。即只要取得占选民总数的 1/5 的票数，总统当选就算有效。而在 5 月 31 日选举法通过后，选民人数减少到 700 万人，但是当选总统需要获得的 200 万选票的法定最低限额仍然保留着，这样，法定的最低限额就从总选票的 1/5 提高到 1/3。普选产生的共和国总统恰恰很好地抓住了这个有利的时机。马克思嘲笑到：在 5 月 31 日以后，波拿巴立即向国民议会要求每年发给他 300 万法郎的皇室费。他威胁说，如果国民议会不松开钱袋，不以每年 300 万法郎来买他的沉默，他就要向人民法庭告发国民议会的犯罪行为。国民议会剥夺了 300 万法国人的选举权，他要求把每一个不流通的法国人换成一个流通的法郎，正好是 300 万法郎。他是由 600 万人选出来的，他要求赔偿他在事后被剥夺掉的票数。在政变之前，波拿巴就给国民议会送去了咨文，要求恢复普选权和废除 1850 年 5 月 31 日的法律。行政权建议恢复普选权清楚地表示，波拿巴已经从诉诸国民议会转向诉诸人民。

在政变之后，路易·波拿巴又熟练地操控民主竞选和投票的技术，利用公民投票，赞同了政变的合法性，赞同了第二帝国，不断巩固了执政的地位。1851 年 12 月 20 日，法国举行了关于扩大共和国总统权力的公民投票，其基本主题是在“文明

---

① 马克思著，中央编译局译：《路易·波拿巴的雾月十八日》，人民出版社 2001 年版，第 57 页。

与野蛮、秩序与骚乱”中作出选择。波拿巴政府动用一切力量恫吓反对派，阻止他们参加竞选活动。结果波拿巴成功地获得了多数支持，大多数 750 万人投票赞成，64 万人反对，150 万人弃权。许多投票者为进一步的革命前景吓住了，希望波拿巴能够建立强大和安宁的统治秩序。反对票主要出现在大城市，在巴黎，80000 票投了反对票，75000 票弃权，只有 132000 票赞成。在政变一年之后，波拿巴又再次举行了公民投票，要求选民就是否同意再次建立帝国进行投票。最后，7824000 票支持宪法改革，只有 253000 票反对，1500000 票弃权，反对者主要在城市以及西部正统派主导的地区、南部的一些“红色地区”。就这样，第二帝国在 1852 年 12 月 2 日成立了。[①] 因此，在马克思看来，波拿巴专政体现出一种形式上的票决制民主，通过民主授权的机制，资产阶级专政以人民主权的面貌呈现出来。

3. 实质反民主、反自由与金融投机式的国家

波拿巴主义国家的第三个基本特点是阶级的专制。在行政权面前，国民完全放弃了自己的意志，而服从于他人意志的指挥，服从于权威。表面上的共同利益和公共利益实质上却被特殊利益所替代。在这种统治模式下，“每一种共同的利益，都立即脱离社会而作为一种最高的普遍的利益来与社会相对立，都不再是社会成员的自主行动而成为政府活动的对象”。[②] 正如

---

① 参见〔英〕罗杰·普赖斯著：《拿破仑三世和第二帝国》，上海译文出版社 2003 年版，第 38 页。

② 马克思著，中央编译局译：《路易·波拿巴的雾月十八日》，人民出版社 2001 年版，第 103 页。

马克思所说，波拿巴主义国家所表现的是国民的他治而不是国民的自治。法国逃脱一个阶级的专制，好像只是为了服从于一个人的专制，并且是服从于一个没有权威的人的权威。斗争的结局，好像是一切阶级都同样软弱无力地和同样沉默地跪倒在枪托之前了。在政变之后，全法国有 26000 多名民主主义、社会主义者被逮捕。波拿巴急于铲除激进共和派的领导。官方统计，10.6％的被捕者是中等阶层的专业人士，占最大比例的是传统行业的小手工业者和工人。波拿巴当局将反对政变的起义解释为一群贫穷无知者被贪婪、嫉妒、邪恶的人引入歧途所导致的结果。根据总汇通报的报道，反抗政变而丧失生命的有 380 人，约为二月革命时死亡人数的两倍。而泰晤士报的报道则为 1200 人。

马克思认为，这种国家寄生物只是在第二帝国时期才得到它最后的发展。有着常备军、无所不管的官僚制度、愚民的僧侣、奴性的司法体系的政府权力，脱离社会已经到这样一种程度，以致一个以一伙饿鬼般的亡命徒作后盾的、低能到可笑地步的冒险分子，都可以来运用它。它看起来不再像是一个从属于议会内阁或立法议会的阶级统治工具了。这种国家政权在第二帝国得到了它的最后、最高的表现：它甚至于践踏统治阶级的利益；它用它自己挑选的立法团和由它付薪俸的参议院来代替统治阶级的装饰性的议会；它的无限权势得到了普选的批准，它被公认为维护“秩序”亦即维护地主和资本家统治生产者的“秩序”的必要条件；它用昔日的破旧面具来掩盖今天的贪污腐化的闹宴，掩盖最腐朽的寄生集团——金融骗子们的得逞；它放纵过去的一切反动势力——下流勾当的万恶渊薮。乍看起来，这是这个政府权力对于社会的最后胜利；实际上，这是这个社会里一切腐败分子的胡作非为。在不明真相的人看来，这好像只是行政权力战胜了立法权力，好像是以超越于社会之上的权力自居的阶级统治形式最终击败了以社会自治自居的阶级统治形式。但是，事实上，这只是那个阶级统治的最后的、堕落的、唯一可能的形式，它既给统治阶级本身带来耻辱，也给受它束缚的工人阶级带来耻辱。①

在波拿巴统治下的法国，统治阶级与人民群众的生活形成鲜明对照：前者大肆挥霍本国的国民财富，后者则只有波拿巴集团的统治所带来的苦痛和贫穷、警察迫害和血腥镇压。马克思讽刺道：波拿巴想要扮演一切阶级的家长似的恩人。他想窃取整个法国，以便将它再赠给法国，或者说得更确切些，以便能够用法国的钱再来购买法国，因为他作为十二月十日会的头目，就不得不收买应归他所有的东西。于是所有一切国家设施，即参议院、国务会议、立法机关、荣誉军团勋章、士兵奖章、洗衣房、公共工程、铁路、没有士兵的国民自卫军司令部以及被没收的奥尔良王室财产，都成了购买对象。军队和政府机器的每一个位置，都成了购买手段。然而在这种先把法国攫取过来，然后再把它交给法国自己的过程中，最重要的东西还是在买卖过程中流到十二月十日会的头目和会员的腰包里去的利息。

4. 专制的社会基础：小农的政治影响

波拿巴还认为自己和资产阶级不同，他自命为农民和一般

---

① 参见《马克思恩格斯全集》第17卷，人民出版社1963年版，第585—586页。

人民的代表，想使人民中的下层阶级在资产阶级社会范围内得到幸福。马克思评论道："国家权力并不是悬在空中的。波拿巴代表一个阶级，而且是代表法国社会中人数最多的一个阶级——小农。""正如波旁王朝是大地产的王朝，奥尔良王朝是金钱的王朝一样，波拿巴王朝是农民的王朝，即法国人民群众的王朝。"[①]

波拿巴专政建立在既像一个阶级，又不是一个阶级的小农之上。之所以说他们是一个阶级，是因为这些群众"是由一些同名数简单相加形成的，好像一袋马铃薯是由袋中的一个个马铃薯所集成的那样。数百万家庭的经济生活条件使他们的生活方式、利益和教育程度与其他阶级的生活方式、利益和教育程度各不相同并互相敌对"。之所以说他们又不是一个阶级，"是因为各个小农彼此间只存在地域的联系，他们利益的同一性并不使他们彼此间形成共同关系，形成全国性的联系，形成政治组织"。[②] 他们不能代表自己，一定要别人来代表他们。他们的代表一定要同时是他们的主宰，是高高站在他们上面的权威，是不受限制的政府权力，这种权力保护他们不受其他阶级的侵犯，并从上面赐给他们雨水和阳光。所以，归根到底，小农的政治影响表现为行政权支配社会。

波拿巴所以靠的"同他名字相联系的传统"体现为一种法国群众的中的一种根深蒂固的"拿破仑观念"。在充满阶级矛

---

① 马克思著，中央编译局译：《路易·波拿巴的雾月十八日》，人民出版社 2001 年版，第 104 页。

② 马克思著，中央编译局译：《路易·波拿巴的雾月十八日》，人民出版社 2001 年版，第 105 页。

盾、集团对抗和政见分歧的法国社会，唯一可被最广泛的社会阶层和党派集团去索取、为己所用因而程度不同地予以接受的，只能是涂抹着大革命色彩的“拿破仑传奇”。农民以为大革命及其带给农民的利益是和拿破仑的名字分不开的。“波拿巴王朝所代表的不是革命的农民，而是保守的农民；不是力求摆脱其社会生存条件即小块土地的农民，而是想巩固这种条件的农民；不是力求联合城市并以自己的力量去推翻旧制度的农村居民，而相反，是愚蠢地拘守这个旧制度，期待帝国的幽灵来拯救自己和自己的小块土地并赐给自己以特权地位的农村居民。波拿巴王朝所代表的不是农民的开化，而是农民的迷信；不是农民的理智，而是农民的偏见；不是农民的未来，而是农民的过去；不是农民的现代的塞文，而是农民的现代的旺代。”①

农民为何对帝制如此倚赖？马克思在第七章着重探析了“拿破仑观念”的四重内涵：第一个拿破仑观念是“拿破仑的”所有制形式，即使法国封建农民成为小块土地的所有者，是拿破仑成为皇帝的物质条件，这种小土地所有制的经济发展根本改变了农民对其他社会阶级的关系。第二个“拿破仑观念”是强有力的和不受限制的政府，应该用强力来保卫这种“物质的”秩序。第三个“拿破仑观念”是作为政府工具的教士的统治，小块土地依赖自然力并且对从上面保护它的宗教权威采取顺从的态度。第四个“拿破仑观念”意味着军队占压倒的优

① 马克思著，中央编译局译：《路易·波拿巴的雾月十八日》，人民出版社 2001 年版，第 106 页。

势："军服是他们的大礼服，战争是它们的诗篇，在想像中扩大和完整起来的小块土地是他们的祖国，而爱国主义是财产观念的理想形态。"[①]

马克思认为，小块土地所有制是荒谬的"拿破仑观念"产生的根源，小土地所有制日益加剧的解体，势必导致中央集权的真正来临。他尖锐地指出："一切'拿破仑观念'都是不发达的、青春年少的小块土地所抱的观念；对于已经衰老的小块土地说来，这些观念是荒谬的，它们只是它临死挣扎时的幻觉，只是变成了空话的词句，只是变成了幽灵的魂魄。但是，为了使法国国民大众解脱传统的束缚，为了使国家权力和社会之间的对立以纯粹的形态表现出来，一出模仿帝国的滑稽剧是必要的。随着小块土地所有制日益加剧的解体，建立在它上面的国家建筑物将倒塌下去。现代社会所需要的国家中央集权制，只能在和封建制度斗争中锻炼出来的军事官僚政府机器的废墟上建立起来。"[②] 恰恰是这种私有制的幻象，这种"物质秩序"束缚了小农，小块土地肩负了资本加于它的抵押债务，还肩负着赋税的负担。养活了官僚、军队、教士和宫廷，为行政权提供了生活的源泉。再加上持续不断的欧洲战争、扩大的征税需求、稳固内部秩序的需要，共同催生了强大无比的中央集权制。这种小块土地所有制造成全国范围内各种关系的同一化与个体之间趋同。所以，它也就使得一个最高的中心对这个简

---

① 马克思著，中央编译局译：《路易·波拿巴的雾月十八日》，人民出版社 2001 年版，第 111 页。

② 马克思著，中央编译局译：《路易·波拿巴的雾月十八日》，人民出版社 2001 年版，第 111—112 页。

单划一的体制的各个部分发生的作用。通过消灭民众和国家权力之间的贵族这一中间力量，它引起国家权力的全面的直接的干涉和它的直属机关的全面介入。

马克思对波拿巴专政十分警惕，他把反对波拿巴主义的斗争视为无产阶级革命者的重要任务之一。波拿巴主义是一种统治形式，不仅出现在法国，而且是一种国际现象，不仅仅是资本主义国家的一种具体形式，而且是资本主义国家这一类型的制度特征。有不少国家都在追随波拿巴法国的政策，欧洲许多国家的统治阶级都表露出波拿巴主义的倾向，露出了模仿波拿巴主义的苗头。在 1869 年给《雾月十八日》写的第二版序言中，马克思就写道："我希望，我这部著作对于清除那种特别是现今在德国流行的所谓凯撒主义的书生用语，将会有所帮助。"① 这里所谓的"凯撒主义"，主要就是当时德国流行的庸俗民主派和波拿巴主义宣传者所倡导的言论。恩格斯注意到一种趋势，那就是："从 1840 年起慢慢腐朽了的君主国存在的主要前提是贵族和资产阶级之间的斗争，这个斗争中的均势是由君主国来维持的。但是，从问题已经不在于保护贵族免受资产阶级攻击，而在于保护一切有产阶级免受工人阶级攻击时起，旧有专制君主国就一定要完全转变成专为此目的而发明的国家形式，即波拿巴主义的君主国。"② 他们都认为，普鲁士正在经历一种波拿巴主义化，这代表了现代国家的一种新特性。

---

① 马克思著，中央编译局译：《路易·波拿巴的雾月十八日》，人民出版社 2001 年版，第 4 页。

② 《马克思恩格斯全集》第 18 卷，人民出版社 1964 年版，第 562 页。

第五章

《雾月十八日》的理论启示

自《雾月十八日》一书出版至今，已历时近 160 余年。这部短小精悍的著作用历史唯物主义理论解释了一起重大的历史事件，对共产主义运动的理论和实践产生了重要影响。此书的第一个中文译本是 1930 年 5 月上海南强书店出版的陈仲联版本，书名被译作《拿破仑第三政变记》。1940 年 8 月，柯柏年再次翻译了《拿破仑第三政变记》，经吴黎平校订，由生活书店出版了第二个译本。抗战胜利后，解放社在 1947 年 9 月出版了新的一版，译校者为柯柏年，吴黎平对这本书做了详细的介绍，并对每章都做了附注。新中国成立以后，又按照莫斯科出版的马恩选集两卷本进行了重新翻译，并成为了中共中央高级党校在新中国初期的教材。自这部著作传入中国以来，一直广受关注。它对当代中国人来说有一种格外的亲切感，这不仅因为中国的历史传统与法国的历史传统有不少相似之处，而且因为《雾月十八日》曾在中国一个特殊的历史时期起过重要的启蒙作用。到今天，这部著作已经成为社会学、政治学、历史学、哲学乃至文学领域公认的经典之作。①

① 参见应星：《事件社会学脉络下的阶级政治与国家自主性：马克思〈路易·波拿巴的雾月十八日〉新释》，《社会学研究》2017 年第 2 期。

一、马克思阶级分析的启示

重温《雾月十八日》，我们可以看到，阶级概念是马克思著作的一个核心概念。马克思开创了一条从阶级冲突来理解复杂政治和历史事件的道路，他对党派和阶级、对作为阶级的小农和作为非阶级的小农的精细划分并非那样教条。这些颇富洞察力的观点至今仍然对我们理解当代社会有十分重要的启示。

首先，阶级分析的方法把冲突作为政治学研究的核心议题。在二战以后，工业社会的发展一定程度上弱化了阶级地位与政党忠诚的关系。然而，一些西方学者仍然认为，当代民主政治中的选举就是民主式阶级斗争的表现。“在现代的任何民主制度中，不同群体之间的冲突都是通过政党表达的，而政党基本上相当于一种‘把阶级斗争民主化的媒介’。即使许多政党已放弃阶级冲突或阶级忠诚的原则，但分析它们的要求和它们的支持力量仍表明，它们确实代表不同阶级的利益。”[①] 后工业社会的阶级政治分野仍然在决定党派支持中起主导作用。左翼选民主要来自工人阶级和受剥削较多的阶层，而保守政党依然超比例地依靠较富裕的阶层。因此，应该更加严肃地对待阶级冲突的分析传统。

其次，强调政治与经济的关联。马克思总是“跳出政党来理解政党”。在研究 1848 年革命时，马克思首先着手研究了近

① 〔美〕马丁·李普塞特著，张绍宗译：《政治人：政治的社会基础》，上海人民出版社 1997 年版，第 205 页。

10年的经济史，对世界贸易危机以及工业繁荣对欧洲政治产生的影响进行了研究。他强调，阶级的存在以及它们之间的冲突，受到经济状况的发展程度、生产的性质和方式以及由生产所决定的交换的性质和方式的制约。技术结构的变化产生了不同的职业分类，而与职业相联系的社会环境导致不同的阶级文化。并且，在对资本主义运行规律的解剖中，他提出了世界各国工人政党都一致用以扼要表述自己的经济改造要求的公式，即生产资料归社会所有。第一次表述了一个使现代工人社会主义既与封建的、资产阶级的、小资产阶级的等形形色色的社会主义截然不同，又与空想的以及自发的工人共产主义所提出的模糊的财产公有截然不同的原理。这样，就把无产阶级政党从各种保守学说的束缚下解放出来，为社会主义运动提供了政治原理。

再次，从利益分析入手，对政党的言论和行动进行区分。他认为："正如在日常生活中应当把一个人对自己的想法和品评同他的实际人品和实际行动区别开来一样，在历史的战斗中更应该把各个党派的言辞和幻想同它们的本来面目和实际利益区别开来，把它们对自己的看法同它们的真实本质区别开来。"① 这对我们的启示在于，在政党研究中要注意分析不同阶级的物质利益和政治利益，避免陷入不同党派的辩论修辞中。在观察和研究政党与选举等行为之时，不应该沉迷在政治候选人的花边新闻和报道，或者空泛的制度条例，而应更注重探寻

① 马克思著，中央编译局译：《路易·波拿巴的雾月十八日》，人民出版社2001年版，第36—37页。

政党活动的内在规律。他揭示了工业社会中党派活动、阶级政治和国家形式的内在因果联系。在纷繁复杂的政治事件中，马克思对阶级斗争的分析构建出了一套创新性的分析理论，并抓住了19世纪欧洲社会最重要的命题，即一场阶级的大战即将来临。

二、马克思国家理论的启示

在现代国家的研究上，马克思只是提供了一种初步的理论。他的著作还没有在理论上对民族国家、国家认同和民族主义认同等进行一般性的研究和解释。早在1844年，他就草拟了《关于现代国家的著作的计划草稿》。他尝试从国家与市民社会的核心问题出发，以此分析现代国家的本质和特点。[①] 1858年，马克思在给拉萨尔的信中写道，未来将完成六本书，其中包括《资本论》《土地所有制》《雇佣劳动》《国家》《国际贸易》《世界市场》。只可惜，在完成《资本论》之后，有关国家的研究被搁置了。然而，在《雾月十八日》中，马克思已经觉察到现代国家出现的新变化，并尝试描绘这种新的统治机制。他从政治经济学的角度来解剖市民社会，为无产阶级要建立的新国家奠定了理论基础。

马克思的国家理论与西方近现代主流国家学说有很大的不同。他既不是简单从君主制和共和制的国家形式去分析国家，也不是把现代国家的成长视为世界精神的成长史。在《德法年鉴》上，马克思就曾提出："法的关系正像国家的形

① 参见《马克思恩格斯全集》第42卷，人民出版社1979年版，第238页。

式一样，既不能从它们本身来理解，也不能从所谓人类精神的一般发展来理解，相反，它们根源于物质的生活关系，这种物质的生活关系的总合，黑格尔按照十八世纪的英国人和法国人的先例，称之为'市民社会'，而对市民社会的解剖应该到政治经济学中去寻求。"① 这样的国家学说无疑是十分具有革命性的。

第一，超越传统政体二分法的思维。马克思对法兰西第二共和国覆灭的研究超越了传统的政体划分的学说，他不再局限于"君主国还是共和国"的抽象理论问题，他主张从政治经济学的角度对国家与市民社会的关系进行更深入的考察。② 可以看到，马克思并没有把民主政体和专制政体对立起来，更不会静态地用各种结构性的测量指标去判定一个国家达到了多少民主，抑或达到了多少法治，而是从关系和策略出发，呈现行动者与制度结构的内在关联。正如马克思主义学者普兰查斯所说："要想具体地研究国家形式，只有在政治舞台上，在这些国家形式与政体形式的结合中，给政党对权力集团的作用的总的结构加以界说才能办到。"③ 马克思回到对中央集权的解剖上来，理解其成长的土壤和环境，历史和经验地探寻其背后的一般规律，并认为传统政体论已经无法理解工业时代中央集权制的变化，需要一种新的政治科学。

---

① 《马克思恩格斯全集》第13卷，人民出版社1962年版，第8页。

② 参见康德的《法的形而上学》中对纯粹共和国的论述，"每一个真正的共和国是，并只能由人民代表的系统构成。这种代表系统是以人民的名义建立起来的，并由已经联合起来的所有的公民组成，为的是通过他们的代理人去维护他们的种种权利。"

③ 〔希腊〕尼克斯·波朗查斯著，叶林等译：《政治权力与社会阶级》，中国社会科学出版社1982年版，第108页。

第二，从资本主义生产方式来理解现代国家。马克思是从资本主义和国家之间的关系来研究国家的。他指出：现代国家是与这种现代私有制相适应的。现代国家由于捐税逐渐被私有者所操控，并由于借国债而完全为他们所控制；这种国家的命运受到交易所中国家债券行市涨落的调节，所以它完全取决于私有者即资产者提供给它的商业信贷。由于资产阶级已经不再是一个等级，而是一个阶级了，因此它必须在全国范围内而不是在一个地区内组织起来，并且必须使自己通常的利益具有一种普遍的形式。由于私有制摆脱了共同体，国家获得了和市民社会并列的并且在市民社会之外的独立存在；实际上国家不外是资产者为了在国内外相互保障自己的财产和利益所必然要采取的一种组织形式。

第三，在立足于无产阶级的历史使命来考察国家机器的内在机理。马克思注意到，在法国革命后，国家权力不但没有削弱，一个独立于社会的、复杂而巧妙的现代国家机器反而更巩固了。在宪制层面的小修小补根本无济于事，只有真正夺取政权，从所有制形式和生产关系上加以改造，才能实现真正的解放。他认为，只有夺取国家机器，进行彻底的所有制改造，才能真正逃脱阶级的专制。历次资产阶级革命都没有动摇在绝对君主制时代形成的军事官僚机器，反而把它当作主要的战利品。而无产阶级革命则必须“集中自己的一切破坏力量”来摧毁旧的国家机器。马克思在 1871 年 4 月 12 日给路·库格曼的信中更明确地重申了这一思想：“如果你查阅一下我的《雾月十八日》的最后一章，你就会看到，我认为法国革命的下一次尝试不应该再像以前那样把官僚军事机器从一些人的手里转到另一些人的手里，而应该把它打碎，这正是大陆上任何一次真正的人民革命的先决条件。”①

第四，在讨论国家与社会的关系中探寻恢复社会活力的途径。在马克思眼中，理想的国家应该是消灭阶级统治本身。巴黎无产阶级用以欢迎二月革命的“社会共和国”口号，不过是表示了希望建立一种不仅应该消灭阶级统治的君主制形式，而且应该消灭阶级统治本身的共和国的模糊意向。他提出：“国民议会如果不同时简化国家管理，不尽可能简化国家管理，不尽可能缩减官吏大军，最后，如果不让社会和舆论界创立本身的、不依靠政府权力的机关”，那么这个寄生机体就会把社会机体吞噬。在1871年的巴黎公社，马克思看到了希望：“在法国和在欧洲，共和国只有作为‘社会共和国’才有可能存在；这种共和国应该夺去资本家和地主阶级手中的国家机器，而代之以公社；公社应该公开宣布‘社会解放’为共和国的伟大目标，从而以公社的组织来保证这种社会改造。”他描写道：“全法国都会组织起独立工作的、自治的公社；国民军会代替常备军；大批国家寄生虫会被排除；教师会代替僧侣登记；国家法官会改换为公社的机构；国民代表的选举会不再是总揽一切大权的政府玩弄手腕的事情，而是组织起来的各公社的意志的自觉表现；国家的职务会限于几项符合于普遍性、全国性目的的职务。”② 并且，在公社通过下述措施来开始解放劳动：它一方面取缔国家寄生虫的非生产性活动和为非作歹的活动，杜绝把

① 《马克思恩格斯文集》第10卷，人民出版社2009年版，第352页。
② 《马克思恩格斯全集》第17卷，人民出版社1963年版，第600、593页。

大宗国民产品浪费在供养国家恶魔上的根源；另一方面，以工人的工资执行地方性和全国性的实际行政职务。由此可见，公社是以大规模的节约，不但以政治改造，而且以经济改造来开展工作的。

三、马克思革命理论的启示

当然，《雾月十八日》是一部关于革命和政变的评论著作，其中最重要的主题，就是证明“法国阶级斗争怎样造成了一种局势和条件，使得一个平庸而可笑的人物有可能扮演了英雄的角色?”马克思对社会科学的革命理论提出了一种重要的研究路径。

第一，注重从社会经济局势来分析政治变迁。马克思理解的革命并不是孤立的暴力事件或冲突，而是以阶级为基础的各种运动，这些运动产生于在历史发展过程中所固有的、饱受冲突折磨的社会的客观结构性矛盾之中。[①] 阶级关系常常是各种各样的社会和政治冲突的潜在根源，在成功的社会革命转型中，阶级冲突和阶级关系的变迁实际上起着非常突出的作用。马克思在分析波拿巴政变之时，特别注重资本主义工商业的危机对阶级斗争产生的影响。他不是孤立地看待政治现象，而是把法国的政治现象放在生产力和生产关系、世界市场的范围内加以考虑。他细致地分析了世界性工业部门所需原料（生丝产量、棉花产量、羊毛产量）的情况，从中找到了法国出现商业

① 参见〔美〕斯考切波著，何俊志等译：《国家与社会革命》，上海世纪出版集团2007年版，第7页。

停滞的原因。他敏锐地观察到，在经历商业停滞以后，法国社会各阶级渴望“强有力的政府”。马克思的这种分析视角有助于弄清楚革命形势出现的原因，对解释政治和国家行为提供了一种革命性的理论。

第二，从特定的历史和现实条件来分析革命成败。马克思在理解革命的时候，特别注重分析革命或政变出现的特定条件。例如，他分析了“拿破仑传奇”对路易·波拿巴巩固政治权威的作用。马克思在解释无产阶级革命为什么失败的时候，并没有把革命视为按部就班的发展进程，而是认为时机尚不成熟。例如，马克思指出，二月革命把自己宣布为社会共和国，虽然表露出现代革命的总的内容，但这个内容和在当时的情况和条件下、在群众已达到的教育水平上用现成材料所能立刻实现的一切都是极为矛盾的。换言之，社会还只是在为自己创造革命所必需的出发点，创造唯一能使现代革命成为真正的革命的形势、关系和条件。

第三，开创了从事件社会学的角度来分析革命历史的研究范式。马克思在这部著作中，开创了事件史与结构史结合在一起的研究范式。《雾月十八日》将结构与行动之间的张力、阶级政治与国家自主性之间的张力通过事件史抽丝剥茧般的剖析充分地展现出来，为我们完美地诠释了什么叫作“社会学的想象力”。[①] 在解释革命和政变的时候，他从结构、局势、行动者三个维度出发，对复杂的事件进行了细致的解剖。马克思通过

① 应星：《事件社会学脉络下的阶级政治与国家自主性：马克思〈路易·波拿巴的雾月十八日〉新释》，《社会学研究》2017 年第 2 期。

结构和局势形塑了事件，同时又使事件再生产了结构和局势，使得事件发展波谲云诡，充满着种种悖论。这些悖论的细致解读，对灰暗历史的认真辨析，克服了粗暴的线性的阶级决定论。这种方法超越了意志论和机械论的革命解释，为理解“当下的活的历史”提供了一种全新的视角。